JN240172

Small Business Contracts

トラブルを未然に防ぐ

中小企業の契約書

読み方・作り方・結び方

弁護士・元銀行支店長

池田 聡

Satoshi Ikeda

日本実業出版社

はじめに

「御社が作った○○が、規定の基準に適合していなかったので、やり直してください」

工事業者Aのもとに、地方自治体のX県から連絡が入りました。

そこで、工事業者Aは、○○を自社に納品した下請業者Bに、やり直し工事にかかる費用の損害賠償を求めました。

しかしながら、下請業者Bが工事業者Aに納品したのは1年前です。X県の基準には適合していないものの、通常の使用をしている限り、壊れる可能性は極めて低い。そして、工事業者Aと下請業者Bが交わした契約書には、強度の基準が何も記されていません。

このような事案において、損害賠償は認められるのでしょうか?

もし、あなたが下請業者Bの立場だったとしても、最初にどんな契約書を作成するかで、こうしたリスクを避けることができます。

「書面に難しい言葉が並んでいて、読んでもよくわからない」

「信用できる相手との取引だから、変なことにはならないはず」

「AIを活用して内容をチェックしたから、大丈夫だと思う」

本当に、そのままで問題ないのでしょうか?

読み方や作り方などを理解しているほうが、安心して事業ができるのではありませんか?

いきなり損害賠償請求をされて右往左往する下請業者Bのようなことにならないように、本書を執筆いたしました。事業者が契約書をきちんと交わす際の手助けになれば幸いです。

はじめに

第1章 知識ゼロからはじめる契約書
～最低限押さえておきたい基礎知識～

第 **2** 章

契約書の
「形式」を押さえよう

～"しきたり"がわかると作成はこわくない～

第**3**章 契約書の
「読み方」に強くなる！
～どの契約にも共通する"お決まり条項"の意味～

第**4**章

こんなときも契約書面が求められる！
～下請法とフリーランス法を押さえよう～

第5章 代表的事例から ポイントをつかむ〈前編〉
〜不動産(土地・建物)・商品・金銭・工事〜

第**6**章 代表的事例から
ポイントをつかむ〈後編〉
～システム・業務委託・株式・雇用・機密保持・
利用規約～

おわりに

ブックデザイン 沢田幸平(happeace)

本文イラスト　山口　歩

DTP　　　　　一企画

知識ゼロから
はじめる
契約書

〜最低限押さえておきたい
基礎知識〜

取引先との約束を明確にする契約書は、本来の意義を知ると、その重要性を理解することができます。これから身近な事例を挙げつつ基礎を解説していきます。

契約の意義と成立させる要件

うちの息子が「婚約を破棄したい」と言っているんですが、相手に慰謝料を払わないといけないのでしょうか？

婚約も婚姻予約という契約ですから、婚約破棄は契約違反！　したがって、債務不履行による損害賠償金として慰謝料を支払わないといけないですね。

え、婚約も契約なんですか？　でも契約書にあたる書面は作らないですよね。

契約書は証拠に過ぎないんですよ。契約は口頭の合意だけで成立するんです。

ということは、口頭でも約束すれば、それは何でも契約と言えるのですか？

契約とは、「合意のうち、法的拘束力を持つことを期待して行われるもの」をいいます。したがって、例えば、「明日デートする」という約束は契約ではありません。

いや、デートの約束を反故にしたら、フラレるというペナルティがあります。

フラレるのは、法的拘束力が原因ではないですよね。感情の問題ですから。

そもそも契約書とは

　契約とは、「合意のうち、法的な拘束力を持つことを期待して行われるもの」をいいます。

　契約は「合意」ですから、「申込み」と「承諾」の合致により成立します。

> **民法５２２条１項**
> 「契約は、契約の内容を示してその締結を申し入れる意思表示（以下「申込み」という。）に対して相手方が承諾をしたときに成立する。」と規定されています。

　民法522条1項による「申込み」の定義は「契約の内容を示してその締結を申し入れる意思表示」ですから、**契約の内容がある程度、特定されている必要があります。**

　例えば、不動産屋に行って、「事務所を貸してください」と言っただけでは申込みになりません。「○○ビルの○号室を貸してください」というように、ある程度、具体的内容が特定されている必要があります。

　また、**契約の成立には承諾が必要です。**「○○までにご返送がない場合は、ご購入を承諾されたものとみなします」とのレターを添えて勝手に商品を送り付けても、商品を返送しないだけでは売買契約は成立しません。

■①申込と②承諾が合致すると契約が成立

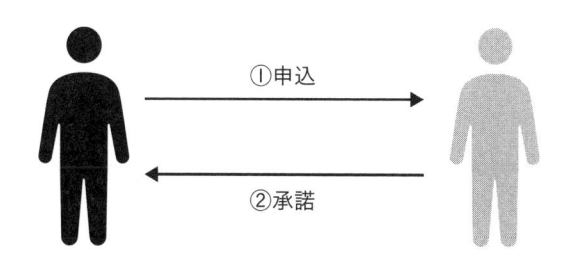

①申込

②承諾

契約書の必要性

「契約は口頭だけで成立する」と聞いたことがありますけど。であれば、何で契約書を作る必要があるのですか？面倒だし印紙代もかかるし。

口頭だけでは、証拠が残らないでしょう。「言った・言わない」の争いを避けるためには、絶対に契約書を作るべきです。

でも、弁護士先生に契約書作成を依頼すると高いからなあ。メールで証拠を残せばよいのでは？

まあ、それも一つのやり方ですけど、ケースバイケースですね。例えばシステム開発委託契約では、「メールはあるが契約書がない」という場合、裁判所は契約の成立を認めないことが多いですよ。

口頭の合意やメールだけでは証拠として不十分

一般論として、「申込」も「承諾」も、口頭でもよいです。しかし、**ビジネスの契約は書面（電子的な書面を含む）を残すべき**です。なぜなら、**口頭合意だけでは証拠が残らない**からです。

> **民法５２２条２項**
> 「契約の成立には、法令に特別の定めがある場合を除き、書面の作成その他の方式を具備することを要しない。」と規定されています。

それでは、メールはどうでしょうか。契約当事者が個人の場合や、会社であってもメールを書いている人が代表取締役であれば契約成立の証拠と成り得ます。しかし、**契約を締結する権限を持たない担当者のメールだけでは、契約成立の証拠としては不十分**です。

一般に会社間の契約では、担当者同士で交渉をし、合意できたら稟議を上げ、権限者の決裁を受け、その後、契約書の調印を行います。担当者のメールだけで契約書が存在しない場合、会社としての決裁ができていないと裁判官に判断される可能性があります。

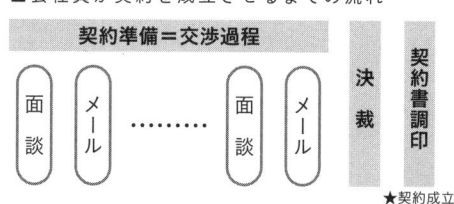

■会社員が契約を成立させるまでの流れ

契約準備＝交渉過程

面談 — メール …… 面談 — メール — 決裁 — 契約書調印

★契約成立

なお、決裁権者は原則、代表取締役ですが、ある程度以上の規模の会社では、一般的に、社内規定により、決裁金額等に応じて担当役員や部長にその権限を委譲しています。

契約で定められないこと

社長

お恥ずかしい相談ですが、コロナ前にちょっと儲かっていた頃、ある女性と毎月50万円支払うことを約束した男女の関係でした。

弁護士

いわゆる"愛人契約"ですね。
会社のお金を使ったりはしていないでしょうね？

社長

それは大丈夫です。ただ、最近経営が苦しいから別れようといったら、約束違反だと責められています。法的に問題はありますでしょうか？

弁護士

"愛人契約"は法的には公序良俗違反ですから無効です。その女性に金銭を支払う義務はありません。でも、社長の家族や会社にバラされたら大変なことになりますよ。

社長

それは重々承知しています。身から出た錆ですから……。

公の秩序と善良の風俗に反する契約は無効

　契約とは「合意のうち、法的効力を持つことを期待して行われるもの」をいいます。しかし、世の中には、「合意をしても法的効力を持たないもの」もあります。

　その1つめは、**社会通念として法的拘束力がない約束**です。法的拘束力とは、約束を破ったら損害賠償が認められたり、強制執行されたりすることをイメージしてください。このような約束は、プライベートではたくさんありますが（例えば、デートの約束）、ビジネス上では、なかなか思いあたりません。

　2つめは、**民法その他の法律で「無効」と定められている合意**です。その代表例が民法第90条で「公の秩序または善良の風俗に反する法律行為は、無効とする。」と規定されている**公序良俗違反の合意**です。

　「公の秩序」「善良の風俗」は社会常識で考えればよいのですが、参考までに公序良俗違反と裁判所で認められた例を挙げておきます。

■公序良俗違反の例

- 食品衛生法に反することを知りながら、有毒性物質の混入したあられを販売する契約
- 女性の定年を男性の定年より5歳若くする就業規則
- 証取法（現「金商法」）違反である損失保証契約
- 遅延損害金を日歩33銭とする特約
- 債務の額の5倍程度の価値の不動産を代物弁済予約により債権者が取得する行為
- ネズミ講への入会契約
- 弁護士でもサービサーでもない者が債権の取立てをする契約

任意規定と強行規定

 契約書を作るときには「民法」というものを知らないとダメでしょうか？

 正しく理解するには民法の知識が必要ですからね。取引先から契約書のドラフト（草案）をもらったら、必ず私に回してください。リーガルチェック（法務確認）しますから。

 それは「民法に反することを契約書に書いたら効力が生じないから」ですか？

 いいえ違います。原則は民法の規定と異なることを契約書で規定したら契約書の規定のほうが優先されます。

 だったら、契約書の文言を自由に考えればよいのでは？

 でも、契約書に書いていないことは民法の規定が適用されますから、不利益にならないように整合性を考える必要があります。それに、強行規定に違反する契約条項は効力が生じません。

 「強行規定」って何ですか？
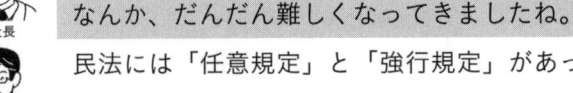 なんか、だんだん難しくなってきましたね。

 民法には「任意規定」と「強行規定」があって、強行規定違反の合意は効力が認められませんが、任意規定条文に合意内容が抵触した場合は合意が優先されるんですよ。

民法の規定よりも「合意」が優先するのが原則

　私人間の権利義務の成立は一切個人の自主的決定にまかせ、国家が干渉してはならない原則を**私的自治**の原則といいます。

　この原則から導かれるものに**契約自由**の原則（契約当事者の合意により契約について自由に決定できる）があります。

　私人間の権利義務を定める民法や商法などを「私法」といいますが、私法には契約自由の原則が適用されます。つまり、**原則として法律の条文よりも当事者間の「合意」が優先され、民法等の私法は「当事者間で合意がない場合」に適用される**わけです。

　しかし、契約自由の原則をすべてに適用すると社会的に不都合が生じる（弱いものいじめが横行する）ことがあります。そこで一部の民法等の規定に反する合意は効力が生じません。この規定を**強行規定**といいます。例えば、**時効に関する規定**がそうです。

　例えば、民法の時効の規定より合意が優先するとすれば、金融機関は融資をする際、必ず契約書に、「この契約に関し、時効を援用することは許されない」という趣旨の規定を入れるでしょう。それでは時効という制度が骨抜きになってしまいます。

■「強行規定」と「任意規定」とは

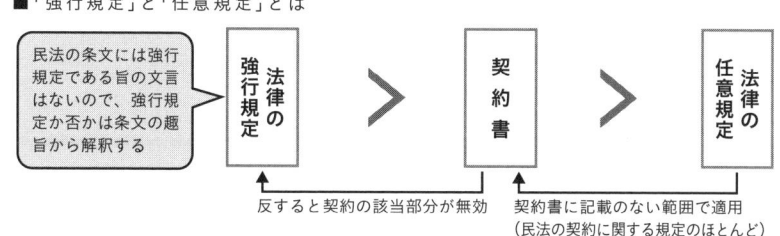

| 民法の条文には強行規定である旨の文言はないので、強行規定か否かは条文の趣旨から解釈する | → | 法律の強行規定 | ＞ | 契約書 | ＞ | 法律の任意規定 |

反すると契約の該当部分が無効　　　契約書に記載のない範囲で適用
（民法の契約に関する規定のほとんど）

最低限押さえたい
契約を規定する法律

 〇〇町に所有する土地が空き地になってて。いずれ工場を建てたいけど、当面その予定もないから貸そうと思っているんですよ。

 借り手は見つかったんですか?

 ××商事が倉庫用地を探しているというので、5年契約で貸そうと思っているんですよ。

 それはダメですね。倉庫用地で貸す場合は最低30年の期間となるんですよ。それよりも短い合意は無効だから賃貸借期間30年の契約になりますよ。

 えっ、どうして? そんな内容も民法で定めてるの?

 民法の特別法として借地借家法という法律があって、その3条に「借地権の存続期間は、三十年とする。ただし、契約でこれより長い期間を定めたときは、その期間とする。」と規定されています。そして、この規定は強行規定だからですよ。

民法以外にも知っておくべき法律がある

　契約を規定する法律として民法は最も重要ですが、それ以外にも押さえておきたいものがあります。それぞれ解説していきます。

1　民法

　明治31年に制定された民法は、契約を規定する重要な法律ですが、慣れていない人には読み難い構成になっています。それは1050条までの条文が**パンデクテン方式**になっているからです。

　パンデクテン方式とは、一般的・抽象的規定を個別的規定に先立ち「総則」としてまとめることにより、法典を体系的に編纂することに主眼をおいた著述形式のことです。

　例えば、売買契約は555条から585条に売買に関する規定がありますが、売買は契約なので、契約総則（521条から548条の4）も適用されます。契約は債権に関するものなので、債権総則（399条から520条の20）も適用されます。さらに、民法全体の総則である1条から174条も適用されます。

■ 慣れないと読みづらいパンデクテン方式

総則（1条〜174条）❗			
物権（175条〜398条の22）			
債権 ❗	総則（399条〜520条の20）❗		
	契約 ❗	総則（521条〜548条の4）❗	
		贈与（549条〜554条）	
		売買（555条〜585条）❗	
		交換（586条）	
		消費貸借（587条〜592条）	
		使用貸借（593条〜600条）	
		賃貸借（601条〜622条の2）	
		雇用（623条〜631条）	
		請負（632条〜642条）	
		委任（643条〜656条）	
		寄託（657条〜666条）	
		組合（667条〜688条）	
		終身定期金（689条〜694条）	
		和解（695条〜696条）	
	事務管理（697条〜702条）		
	不当利得（703条〜708条）		
	不法行為（709条〜724条の2）		
親族（725条〜881条）			
相続（882条〜1050条）			

※物権：物を直接的に支配する権利
　債権：他人に対して何らかの行為を請求する権利
　　　　契約は債権が発生するので、契約書の条項は民法の中でも
　　　　「第三編 債権」の規定が最も関係が深い

2　商法

　商法とは、商人の営業・商行為その他商事について定めた法律です。

　商法は、一般法である民法の「特別法」に当たります。したがって、**民法と商法が重複する部分については、商人であれば商法が優先的に適用されます。**

「商人とは何か？」と疑問を持ったかもしれませんが、ここでは単純に「会社は商人だ」と理解してください。個人事業主も商人に該当する場合が多いです。

　商法は①総則、②商行為、③海商の全3編から成り立っていますが、**①総則と②商行為は事業者全般に適用され得るため非常に重要です。**

■とりわけ「総則」と「商行為」が重要

総　則	通則（1条〜3条）
	商人（4条〜7条）
	商業登記（8条〜10条）
	商号（11条〜18条の2）
	商業帳簿（19条）
	商業使用人（20条〜26条）
	代理商（27条〜31条）
	（32条〜500条は削除）
商行為	総則（501条〜523条）
	売買（524条〜528条）
	交互計算（529条〜534条）
	匿名組合（535条〜542条）
	仲立営業（543条〜550条）
	問屋営業（551条〜558条）
	運送取扱営業（559条〜568条）
	運送営業（569条〜594条）
	寄託（595条〜683条）
海商684条〜850条	

3　借地借家法

　借地借家法は、土地の賃貸を目的とする借地契約と建物の賃貸を目的とする借家契約について適用される民法の「特別法」です。

　つまり、賃貸借契約については、原則的には民法の規定が適用されますが、**借地借家法の対象となる借地契約や借家契約は借地借家**

法が優先して適用されます。

　基本的に弱者である「借地人」「借家人」を保護する法律です。

　なお、借家については建物所有目的の場合のみ借地借家法が適用されます。したがって、貸駐車場には適用されません。

4　消費者契約法

　消費者契約法とは消費者と事業者間の情報量や交渉力の格差を是正し、消費者の利益を守るための法律です。**消費者契約について、不当な勧誘による契約の取消しと不当な契約条項の無効等を規定**しています。

　なお、消費者契約法の「消費者」とは、事業としてあるいは事業のために契約の当事者となる場合を除く個人を指します。

5　利息制限法

　利息制限法とは、お金の貸し借りをする際に設定する利息・遅延損害金などの上限に関する法律です。

　逆に言えば、**お金の貸し借りをする契約以外の契約には適用されません。**例えば、売買契約に代金の支払いが遅延した場合の遅延損害金を定めることがありますが、それには利息制限法は適用されません。

契約書と似ている書類との違い

社長
事務所を改装するので工務店と契約書を交わすことをお願いしたら、「うちでは注文書と請書でやっています」と言われました。問題ないでしょうか？

弁護士
御社としては大きな問題はないですよ。契約は、申込と承諾の意思表示の合致で成立するもので、契約書はその証拠に過ぎないですからね。契約書がなくても注文書で申込が証明され、請書で承諾が証明されますよ。

社長
では、どういう場合に契約書が必要なのですか？

弁護士
注文書は一般にA4サイズ1枚だから、そんなに多くのことは書けないですよね。だからいろいろな情報を盛り込む場合は、契約書の形式が適していますよ。

社長
そうすると、特別な合意事項が少なければ注文書・請書でOKなのですね。

弁護士
そのとおり。その場合は細かな条項はないから、民法の任意規定が多く適用されることになります。ただ、工務店との建築の契約だと建設業法の関係で書面に書かないといけない事項がたくさんあるから、申込書もA4片面1枚では済まないと思いますよ。

注文書・請書、合意書、覚書と契約書の相違

1　契約書と注文書・請書

　契約は申込と承諾の意思表示の合致で成立するため、**注文書で申込が証明され、請書で承諾が証明されますから、注文書と請書があれば「契約を証する書面」として問題ありません。**

　一般的に、定型的な取引、取り決め事の少ない契約には、注文書・請書が使われ、取り決め事の多い契約には契約書が使われることが多いとの理解で十分です。契約書を作るのか、注文書・請書でいくのかという点に、あまり悩む必要はありません。

　印紙税は国税庁の見解では契約成立を証する書面への貼付が必要なため**承諾を証する請書に貼付が必要**です。**契約書を交わすのか注文書・請書でいくのかで印紙税に大きな差はありません**（契約書を当事者双方が保管するよう2通作成する際は印紙税負担は2倍となります）。

2　契約書、合意書、覚書

　取引先と、合意書や覚書のタイトルの書面を交わすことがあります。契約とは、合意のうち法的な拘束力を持つことを期待して行われるものですから、**合意書＝契約を証する書面**です。一般に内容がシンプルな時に「合意書」というタイトルが使われます。

　覚書も多くの場合、合意を証する書面です。一般には**合意事項（契約事項）のうちの一部分を証するときに覚書が使われます。**

　「契約書」「合意書」「覚書」、すべて合意を証する書面ですから、そのタイトルの違いにこだわる必要はありません。

基本契約書と個別契約書
（注文書・請書）

社長

今度、スーパーマーケットをチェーン展開する〇〇商事に夏物衣料を納品することになりました。

弁護士

それは良かったですね！　おめでとうございます。

社長

〇〇商事から取引基本契約書を交わすように言われています。私としては、注文書と納品書があればよいと思っていたのですが、取引基本契約書が必要なのでしょうか？

弁護士

注文ごとに細かな取引条件まで交渉するのも大変なので、繰り返し取引をする場合、基本的・共通的な取引条件は取引基本契約書で合意をし、注文書には取引ごとの条件だけを書くようにするのが一般的ですね。

社長

ということは、〇〇商事は当社と継続取引をしてくれるつもりなのでしょうか？

弁護士

それは実績次第でしょう。

継続的に取引をする場合、基本契約書を交わす

　取引相手から取引基本契約書の締結を求められることはよくあります。取引の度に詳細な契約書を締結するのは面倒なので、共通する取り決め事は取引基本契約書に盛り込み、取引ごとにシンプルな個別契約書や注文書・請書で契約を締結するやり方です。この場合は以下に注意してください。

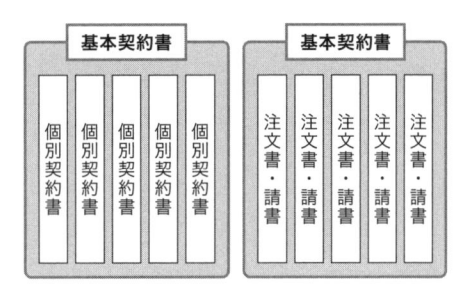

1　取引基本契約書と個別契約書の内容が相反する場合

　例えば代金の支払いについて、取引基本契約書は納品日の属する月の翌月末支払いなのに対し、個別契約書は納品の10日後支払いだった場合、買主はいつまでに支払わないといけないでしょうか。

　この点は合意によります。 個別契約時にその点の合意がなくても、取引基本契約書に「取引基本契約書と個別契約書の内容が相反する場合は個別契約書が優先される」旨の記載があれば、それによることとなります。契約書に優劣の記載がない場合は、後から交わされた合意を優先すべきでしょう。

　したがって、通常は個別契約書の記載が優先されます。

2　印紙の貼付

　取引基本契約書は、契約の種類を問わず、「継続的取引の基本となる契約書」として4,000円の印紙の貼付が必要です。

公正証書

 ○○商事からの買掛金1,000万円の支払期限が今月末ですが、資金繰りが厳しいので、分割にしてほしいとお願いしたところ、「公正証書にしたら応じる」と言われました。どういう意味でしょうか？

 仮にその分割金を支払えず、公正証書もない場合、○○商事はどうやって御社から回収するのでしょうか？

 当社の預金を差し押さえるのでは？

 でも、いきなりは差押えできません。差押えには「債務名義」というものが必要なんですよ。債務名義の代表格は判決です。原則として差押えをするには裁判を起こす必要があります。

 公正証書とどういう関係があるのですか？

 その債務名義の1つに「執行認諾文言付の公正証書」があります。これがあれば裁判を経ないで差押えができます。○○商事は裁判を経ないで貴社の財産を差押えできるようにしようと考えて公正証書を条件にしてきたのですよ。

契約書を公正証書にする目的は何か

　公正証書とは、**私人（個人または会社その他の法人）からの嘱託により、公務員である公証人がその権限に基づいて作成する公文書**のことです。公正な効力が生じるため高い証明力がありますが、その作成手続は、公証人法という法律により厳格に規定されています。

　契約に関する公正証書の代表例は次のとおりです。

■ 契約に関する公正証書の代表例

(1) 任意後見契約	委任者が受任者に対し、将来認知症などで自分の判断能力が低下した場合に、自分の**後見人になってもらうことを委任**する契約。法務省令で定める様式の公正証書によってしなければなりません。
(2) 金銭消費貸借契約	**お金の貸し借り**の契約。金銭消費貸借契約は、必ずしも公正証書により行わなければならないわけではありませんが、貸主からすると公正証書において金銭消費貸借契約を行うメリットがあります。
(3) 定期借地契約・定期建物賃貸借契約	借地借家法22条は**定期借地権**に関する条文で、「その特約は、**公正証書による等書面**によってしなければならない。」と規定しています。同法38条は**定期建物賃貸借**に関する条文で、「期間の定めがある建物の賃貸借をする場合においては、**公正証書による等書面**によって契約をするときに限り、第三十条の規定にかかわらず、契約の更新がないこととする旨を定めることができる。」と規定しています。公正証書による**「等」**書面という記載からわかるとおり、条文上の「公正証書」は例示であるため、書面によって契約をすればよく、公正証書である必要はありません。 一方、借地借家法23条は、**事業用定期借地権**について定めていますが、3項で「前二項に規定する借地権の設定を目的とする契約は、**公正証書によってしなければならない。」**と規定しています。この条文は「等」が入っていないので、事業用定期借地権を設定するのであれば、必ず公正証書で契約書を作る必要があります。

なぜ公正証書を求められることがあるかというと、それは**強制執行**ができるからです。強制執行とは、履行しなければならない状態にある債務（例えば、支払期限が到来した借入金）が履行（借入金の問題であれば返済）されていないとき、債権者（借入金の問題であれば貸付者）の申立てにより、国の公権力がその債権の内容を実現させる手続・方法のことです。強制執行対象の代表例に**不動産や売掛金の差押え**があります。

　ただし、強制執行を申し立てる際は**執行文の付与された「債務名義」**が必要で、債務名義とは、裁判所に強制執行を申し立てる資格を示す文書のことです。債務名義として取り扱うことのできる文書は、民事執行法22条に列挙されていますが、その代表例は右のとおりです。

■ 債務名義の主な例

- 確定判決（1号）
- 仮執行の宣言を付した判決（2号）
- 債務者が直ちに強制執行に服する旨の陳述が記載されている公正証書（5号）
- 確定判決と同一の効力を有するもの（和解調書・調停調書など）（7号）

　つまり、債務名義は原則的には裁判を経ないと得ることができませんが、例外的に「債務者が直ちに強制執行に服する旨の陳述が記載されている公正証書」は債務名義になります。下図のとおり、この**「債務者が直ちに強制執行に服する旨の陳述が記載されている公正証書」があれば強制執行可能である**ということが極めて重要です。

■ 公正証書の利点はココにある

原則	延滞	訴訟提起	判決	強制執行手続
執行認諾文言付 公正証書がある場合	延滞	不要		強制執行手続

署名・押印者の肩書

社長

今度、大手の〇〇商事に口座を開くことができました。

弁護士

それは何よりです。おめでとうございます。

社長

そこで、〇〇商事と取引基本契約書を締結することになったんですけど、先方が送ってきたヒナ型の署名・押印欄に記載されているのが、先方の代表取締役ではなく部長の肩書と名前でした。問題ないのでしょうか？

弁護士

「ある種類または特定の事項の委任を受けた使用人」と題する会社法14条で、一定の従業員には、一切の裁判外の行為をする権限が認められているから、部長名でもダメというわけではありませんね。

社長

では、「気にしなくてもいい」のですね。
「まったくリスクはない」ということですか？

弁護士

多くの場合、部長の印鑑は印鑑登録していませんから、部長名の契約でよいかは、その契約の重要性によりますね。

契約書の記名は部長名でもよいか

　契約を締結するか否かを決める**権限は代表取締役が有するのが原則**です。しかし、大きな会社では、すべてを代表取締役に諮ると回らなくなってしまうので、決裁権限規定を設け、取引金額によって、担当常務や担当部長に決裁権限を委譲しています。

　もっとも、会社法では会社の業務執行権は代表取締役にあります。そこで、**常務名、部長名、支店長名等の契約書の効力に疑問を持たれる方も多いと思いますが、会社法の条文で手当てされています。**

　まず、会社法には支配人という制度があります。支配人は、会社に代わってその事業に関する一切の裁判上または裁判外の行為をする権限を有します（会社法11条1項）。支配人は登記もできるので、支配人の印鑑証明書を発行することも可能です（しかし、支配人登記をしている実例は限られます）。

　次に、会社法14条では右のように定めています。

会社法14条

「ある種類または特定の事項の委任を受けた使用人」との標題の下、1項で「事業に関するある種類または特定の事項の委任を受けた使用人は、当該事項に関する一切の裁判外の行為をする権限を有する。」、2項で「前項に規定する使用人の代理権に加えた制限は、善意の第三者に対抗することができない。」と規定。

　これにより、例えば「シューズ仕入部長」の肩書があれば、靴の仕入れに関する権限を代表取締役から委任されていることが推認されますので、靴の納入に関する契約であれば、納入先の契約書の肩書は「シューズ仕入部長」で法的効力は認められます。

裁判の証拠としての契約書

今度、銀行から融資を受けますが、融資の契約書の原本は銀行が保管をして、当社には「コピーしか渡さない」というのです。コピーでも裁判の証拠として問題ないのでしょうか？

基本的には問題ないですね。
コピーと原本の意味合いの違い、わかりますか。

原本は真実に作られたものですが、コピーは偽造したものの可能性があるということでしょうか？

確かに、コピーを偽造することは比較的簡単ですよね。でも、原本に見える物だって偽造できますよ。今のIT技術では、そっくりの印鑑を作ることも、そんなに大変ではないですからね。

では、原本の保管にこだわる必要はないのですか？

でも、やっぱり原本のほうが偽造を見抜きやすいですよ。例えば、5年前に作成されたはずの契約書を裁判のために偽造をしたら、紙の風合いが5年前に作成したものにしては不自然なので偽造を疑われます。

契約書のコピーでも裁判の証拠となるか

　私人間の訴訟を**民事訴訟**といい、そのルールは民事訴訟法で規定されています。同法の228条は**文書の成立**というタイトルの条文ですが、その１項により右図のルールとなっています。

■文書の成立のルール

民事訴訟法228条１項「成立が真正であることを証明しなければならない」（成立が真正とは、特定人の意思に基づいて作られたものであること）

↓

相手方が成立の真正を争わなければ問題ない

↓

相手方が成立の真正を争った場合、文書を証拠提出した側で成立の真正を立証しないといけない

　裁判に提出する契約書がコピーでも、相手方が成立の真正を争わなければ、そのコピーを証拠として裁判官は判断をします。相手方は、そのコピーが実際の原本のコピーであれば、成立の真正を争いません。

　仮に、真正なコピーを提出したのにもかかわらず、原本を保管している相手方が成立の真正を争ってきた場合は、相手方に原本を証拠として提出するように言えばよいだけです。

　そこで、相手方が原本を提出しないと、裁判官は「相手方が嘘を言っているのであろう」「提出されたコピーは真正な原本の写しであろう」との心証を抱きます。

　したがって、**真正に作成された契約書の、真正なコピーを提出して、成立の真正を争われることは一般にありません。**

印鑑の意味

相手方が成立の真正を争ってきた場合、印鑑の有無でその後の立証が異なります。なぜなら、民事訴訟法228条4項は「私文書は、**本人またはその代理人の署名または押印があるときは、真正に成立したものと推定**する。」と規定をしているからです。

すなわち、署名または押印がある場合、その文書が偽造であることを相手方（文書の成立の真正を争う者）が立証しなければならなくなります。

一方、**署名も押印もない文書だと、その文書を証拠提出した側から、文書が偽造でないことを証明しなければなりません。**

この押印の法的な意味について、少し専門的ですが、次の二段の推定が認められています。

■二段にわたって推定される

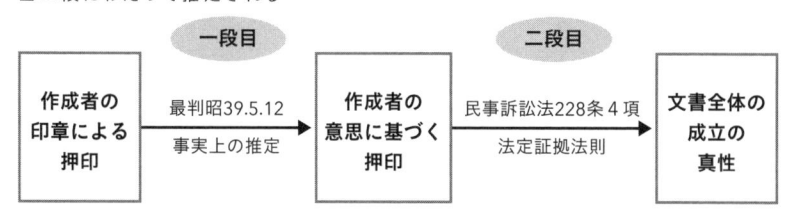

つまり、筆者の印鑑が押してあれば、筆者の意思で押したと推定され（一段目）、筆者の意思で押した押印があるからこの文書は筆者の意思が反映されたもので偽造ではないことが推定されます（二段目）。

実際の裁判では、契約書の押印に関する民事訴訟法228条4項の問題となることは少ないです。なぜなら通常は、自分の印が押してあれば自分の意思に基づくものであることは認めるからです。右図に示したように、**押印の出番は最後**になります。

実印の意味

民事訴訟法228条4項は「押印」と書いてあるだけです。実印に限っていません。

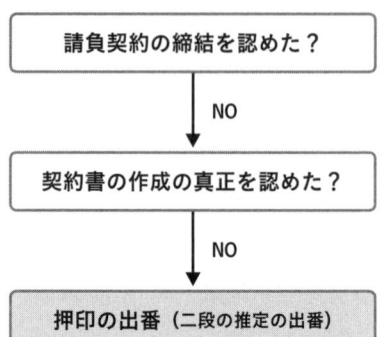

■押印の出番は最後

> **請負契約の締結を認めた？**
>
> NO
>
> **契約書の作成の真正を認めた？**
>
> NO
>
> **押印の出番**（二段の推定の出番）

> **押印がない文書は証拠となる**
> 押印がなくても**相手方が成立の真正を争わなければ問題はありません**。相手方が成立の真正を争ったとしても二段目の推定を使えないだけで、他の証拠（例：前後の電子メール）により成立の真正を立証すればよいといえます。

もっとも、実印でない場合、「本人の押印」かどうかを争われた場合（印影と作成名義人の印章の一致を相手方が争ったとき。つまり、「この○△の印鑑は○△さんの印鑑ではない」と主張したとき）、本人が押印したことの立証が課題となります（一段目の推定の問題）。

なぜなら、例えば、筆者の姓である「池田」の認印は簡単に買えますが、「池田」の印があるからといって筆者が押印したとは限りません。したがって、**重要な契約書であれば、双方が実印を押印すべきです。**

また、紛争になってから印鑑証明書の提出を求めても応じてくれない可能性が高いので、**契約書に実印を押印する場合は、押印時に印鑑証明書を相手方からもらっておきましょう。**

電子契約書

社長

当社のＡ君が、「取引先が電子契約でお願いしますって言ってきたんで、社長、それでいいですよね」と言うんですけど、問題ないでしょうか？

弁護士

何が心配なんですか？

社長

実印が押してないのに裁判で証拠になるのかなと思いまして……。

弁護士

その点は「電子署名」があるから大丈夫ですよ。電子署名法という法律で印鑑に近い効力が認められていますから。

社長

では、Ａ君に電子契約で進めるように指示しますね。

弁護士

ちょっと待ってください。電子契約には注意点があります。メールで進められてしまう点です。紙に印鑑を押す契約書であれば、Ａ君は社長に押印をお願いに来るので社長がチェックできます。でも、電子契約だと社長に無断でＡ君が契約できてしまうので注意してください。

電子契約書で法的な問題はないのか

電子契約とは、「電子情報処理組織を使用する方法その他の情報通信の技術を利用する方法により契約書に代わる電磁的記録が作成されるもの」、つまり、**紙の契約書を作らず、電子情報で契約を証するようにするもの**で、右表の種類があります。それぞれ説明していきましょう。

■電子契約書の種類

①スキャンPDF方式
②当事者電子署名型サービス
③立会人（事業者）電子署名型サービス

①スキャンPDF方式

①スキャンPDF方式は、押印した紙をスキャンしてPDFファイルにし、メールで送付をしたものです。ただし、現在のIT技術では印影を偽造することは簡単なので、右図の通り信用力に弱い面があります。

■スキャンPDF方式の弱点

- 原本が受領者側に存在しない
- PDFファイルは簡単に改ざんできる　　要注意
- もっとも、前後のメール等により、改竄したものでないことはある程度証明できる　　要注意
- しかし、完全な証明はできない
- 争いとなる可能性の低い場合、重要性の低い場合に限るべき

その点、②当事者電子署名型サービスと③立会人（事業者）電子署名型サービスは印鑑と同様の法的効力を持つことができる**電子署名**を利用する形式であるため、①スキャンPDF方式よりも信用力を強化することが可能です。重要性の高い契約では、②や③を活用するのが賢明な対応です。

電子署名とは

電子署名は「電子署名及び認証業務に関する法律」という法律で規定されています。その効力として**印鑑と同じように「成立の真正」が推定されます**（電子署名法第3条）。電子署名を行う署名文を交わすには、最初に文書を作った側（送信者）と文書を受け取って署名する側（受信者）とで共通の認証事業者の存在が必要です。

■電子署名・認証の仕組

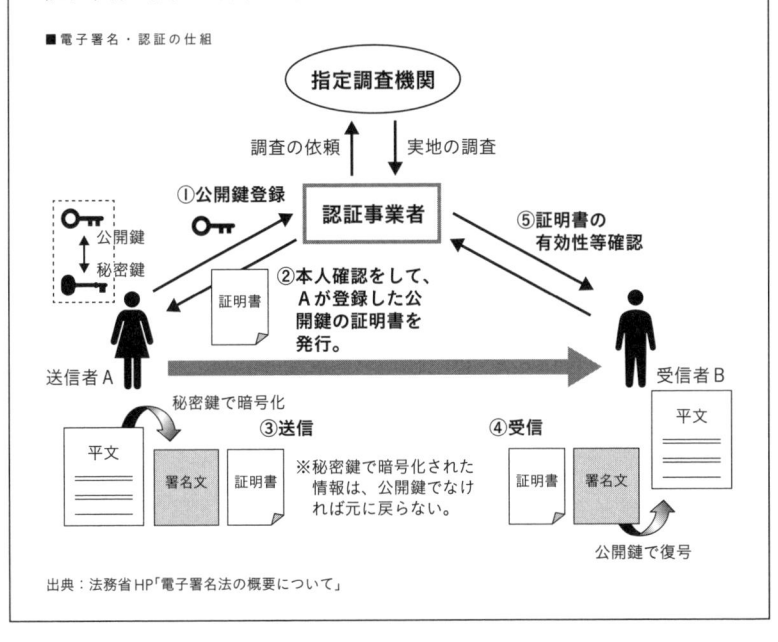

出典：法務省HP「電子署名法の概要について」

②当事者電子署名型サービス

当事者電子署名型サービスには、以下の2タイプがあります。

ローカル署名型	電子証明書、秘密鍵をICカードなどに保管し、物理的に**自分で管理**する
リモート署名型	電子証明書などを**クラウドで保管**し、ブラウザでアクセスのうえ署名を行う

その違いは、電子証明書と秘密鍵の保管方法に過ぎず、いずれも次ページ図のようなフローとなります。

この形が本来の電子署名による電子契約といえますが、契約当事者双方は**同一の認証事業者（認証局）に登録・利用しなければなりません。**

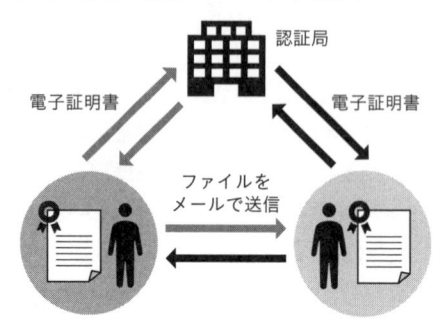

■当事者電子署名型サービスの仕組み

認証局

電子証明書　　電子証明書

ファイルを
メールで送信

そこで、契約相手が異なれば、認証事業者も異なるので、契約相手ごとに手間と費用をかけて認証事業者に登録をする必要があります。実際のビジネスにおいて、契約相手にそのような手続きを強いることは抵抗があります。**そのため、当事者電子署名型サービスは、あまり普及をしていません。**

③立会人電子署名型（事業者署名型）サービス

立会人電子署名型（事業者署名型ともいいます）サービスは、契約当事者が電子署名をするのではなく、**電子契約サービスの提供者（サービスベンダ）が電子証明書と秘密鍵を用いて電子署名する**ものです。利用者が認証事業者（認証局）に登録をする必要はありません。認証事業者に登録をしたサービスベンダが電子署名を押してくれます。

電子契約サービスの「クラウドサイン」や「GMOサイン」がこの方式で、**現在の電子契約の主流**です。

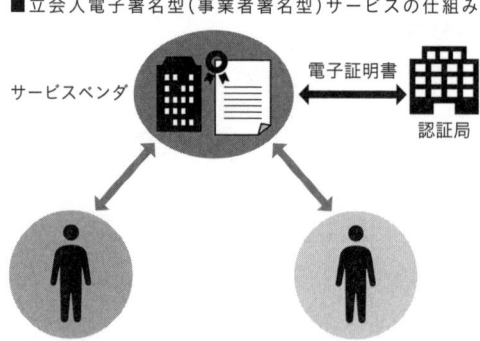

■立会人電子署名型（事業者署名型）サービスの仕組み

サービスベンダ　　電子証明書　　認証局

立会人電子署名型（事業者署名型）サービスの弱点と対応策

　現在の電子契約の主流である立会人電子署名型（事業者署名型）サービスにはリスクがないのかというと、そうではありません。

　立会人電子署名型（事業者署名型）サービスは、相手方に対し**メールが起点**となります。仮に相手方が代表者ではなく担当者に過ぎない場合、本来であれば電子的に押印をする前に代表者の承諾を得ないといけませんが、同サービスでは**特別な仕組みを導入しない限り、担当者が代表者の承諾なしに電子的に押印ができてしまいます。**

■稟議プロセスの原則

　紙の契約書の場合は、代表者印が一般には厳格に管理され、稟議決裁をされていないにもかかわらず押印されることは通常ありません（左図）。

　しかし、立会人電子

署名型（事業者署名型）サービスは、メールを受けた者が無断で電子的に押印できてしまうというリスクがあります。

　また、**相手方の利用するメールアドレスが真に相手方のものかを確認する必要もあります。**特に個人の場合は、メールアドレス上のアルファベット表記からだけでは、誰のメールアドレスがわからないようなアドレスも多いので注意が必要です。そのメールアドレスが相手方本人のものであることを仮に訴訟になった場合に立証できるようにしておく必要があります。

　これらを踏まえて、現在押印をしている文書を洗い出したうえで、**文書によって「立会人電子署名型（事業者署名型）サービス」を活用するものと「紙＋印鑑」のままでいくものとを分別して対応することをお勧めします。**

■使い分けて対応するのが賢明

電子契約に適する文書	電子契約に適さない文書
● 社内文書 ● 押切印（角印）を押印している文書 ● 記載内容について争いになり難い文書 ● 記載内容について争いになっても他の証拠から成立の真正を証明できる文書 ● BtoC文書	● 重要性の極めて高い文書 ● 紛争になる可能性が高い取引等の証跡 　―敵対的な相手方と結ぶ文書 　―初めて取引する先と結ぶ文書 　―経営状態に不安がある先と結ぶ文書 ● 第三者に確認してもらうことが想定される文書

第 2 章

契約書の「形式」を押さえよう

～"しきたり"がわかると作成はこわくない～

ここでは契約書を作るときに最低限知っておきたい、記載事項（内容面）や書類のとじ方（物理面）などを解説していきます。ルールを知れば作成も安心です。

契約書の体裁（内容面）

来月からC社と新規の取引を開始することになり「取引基本契約書の文案を送ってほしい」と言われました。当社にそうしたものはなかったので、私が初めて作ったものですから、先生、見てくれませんか？

承知しました。
チェックだけなら顧問料の範囲内でいいですよ。

文案の内容もさることながら、体裁も自信がありませんので、しっかり指導してください。

いろいろしきたりがあるので、「それに従わないとダメ」というわけではありませんが、いくつかの点は押さえていないと格好悪いですからね。

契約書の体裁のしきたり

　契約書は、一般的にまず①標題（タイトル）があり、②頭書、前文、③本文、④後文、⑤日付、⑥署名の順に記載します。

①標題（タイトル）

取引基本契約書

A株式会社（以下、「甲」という。）と、B株式会社（以下、「乙」という。）とは、甲の〇〇〇〇システムの開発について、甲を委託者、乙を受託者として、以下のとおり契約を締結する。

②頭書、前文

第1条（基本契約と個別契約）
　この基本契約（以下、「本契約」という。）は、特約のない限り本契約に基づく甲乙間のすべての個々の……

……………………………………………………………………
……………………………………………………………………
……………………………………………………………………
……………………………………………………………………
……………………………………………………………………
……………………………………………………………………

③本文

本契約の成立を証するため、本書2通を作成し、甲乙各自記名押印の上、各1通を保有する。

④後文

〇〇年〇月〇日
　　　　甲　住所／氏名
　　　　乙　住所／氏名

⑤日付

⑥署名

標題の付け方

　契約書に標題がなければいけないわけではありません。しかし、**何の文書なのかわかりやすくするため標題を付けます。**

　標題には、法的な意味はあまりありません。

　たまに、標題は「売買契約書」なのに、条項からは請負契約書としか解せない契約書を目にします。その場合、その契約は「請負契約」として規律します。

　もっとも、契約書の条項から「売買契約」なのか「請負契約」なのか悩むような時には標題が解釈の参考になります。

頭書、前文

　標題の次に、以下に例示したような**頭書、前文といわれる文章を冒頭に入れること**が多いです。

A株式会社（以下、「甲」という。）と、B株式会社（以下、「乙」という。）とは、甲の〇〇〇〇システムの開発について、甲を委託者、乙を受託者として、以下のとおり契約を締結する。

　こちらも必ず入れないといけないわけではありません。わかりやすさのために入れるものです。

　A4の紙1枚で完結する契約書であれば不要でしょう。しかし、複数ページから構成される契約書で、クリアファイルに保管した場合などを想定すると、1枚目に頭書が入っているほうが便利です。

本文の構成

<u>第1条を「目的」とすることが多い</u>ですが、頭書、前文に目的を書いてしまうこともあります。また、あえて目的を記載する必要もない（契約の内容から目的は明らか）ものも多々あります。

目的の後は、<u>**契約の具体的内容を列記し、後半は、「解除」「損害賠償」「権利義務の譲渡の禁止」「反社条項」「協議」「管轄」と続くのがお決まりのパターン**</u>です。

条数等の表示の仕方

一般に、<u>**条＞項＞号という階層がありますが、「条」以外は表記しないのが一般的**</u>です（「項」「号」の文字は書きません）。

条は「第○条」と書きます。右表のように、<u>**条数の前後に、条文の見出しを付けると、わかりやすくなるのでお勧め**</u>です。

〈例1〉 第1条　定義
〈例2〉 第1条　（定義）
〈例3〉 （定義） 　　　　第1条

項は「**2**」あるいは「**2.**」のように裸の英数字単体、あるいは裸の英数字に．（ピリオド）を付けて表記します。見出しは付けません。<u>**1つの条の中に1項しかない場合、項は表記しません。**</u>2項以上ある場合、1項については、「1」あるいは「1.」を省略し記載しない場合もあります。どちらでも構いません。

号は、「**(1)**」あるいは「①」などの表記で表します。項をとばし（1項しかなく）、条の次に号がくる場合もあります。

　「条」がなく、「1．・・・　2．・・・　3．・・・」というように、項から始まる契約書もたくさんあります。ただ、項から始めると、項と号との2階層しか使えないので、項から始める契約書はシンプルなものが多いようです。

　また、第一階層を「1」等の英数字1桁とし、第二階層を「1.1」のように、．（ピリオド）＋英数字で表記する場合もあります。

　例えば「8　一般条項　8.1 損害賠償」といった具合です。

＜例1＞
第23条（合意管轄及び準拠法）
1　本契約に関する訴えは，〇〇地方裁判所を第一審の専属的合意管轄裁判所とする。
2　本契約の成立及び効力並びに本契約に関して発生する問題の解釈及び履行等については、日本国の法令に準拠するものとする。

＜例2＞（1項の「1」は書かないことも多い）
第23条（合意管轄及び準拠法）
　本契約に関する訴えは、〇〇地方裁判所を第一審の専属的合意管轄裁判所とする。
2　本契約の成立及び効力並びに本契約に関して発生する問題の解釈及び履行等については、日本国の法令に準拠するものとする。

＜例3＞（第二階層を「1.1」等、．（ピリオド）＋英数字で表記する例）
23．合意管轄及び準拠法
23.1　本契約に関する訴えは，〇〇地方裁判所を第一審の専属的合意管轄裁判所とする。
23.2　本契約の成立及び効力並びに本契約に関して発生する問題の解釈及び履行等については、日本国の法令に準拠するものとする。

契約当事者の表記方法

　契約当事者は、**「甲」「乙」で表記するのが一般的ですが、略称で表記する場合もあります。** 例えば株式会社〇△□製作所を単に、「〇△□」と表記する方法です。

　いずれの方法でも、最初に当事者名がでてきたところで、「**(以下、「甲」という。)**」あるいは「**(以下、「〇△□」という。)**」と書いて定義します。

定義

　契約書は、**言葉の定義を明確にし、一回定義した言葉は、その意味でしか使いません。**

　定義をまとめて契約書の第1条または第2条で行うこともありますが、本文中で (以下、「〇〇」という。) という形で随時定義することが一般です。

接続詞等のルール

1 「及び」と「並びに」

- **and 条件**の接続詞としては、**小さい区分に「及び」、大きい区分に「並びに」**を使います。

  ※大きい区分とは、階層が2段階を超えるようなケースです。

  a 及び b

  a 及び b 並びに c 及び d

- 階層が**1段階しかない場合は「及び」**のみを使います。

  a、b 及び c

2 「又は」と「若しくは」

- **or 条件**の接続詞としては、**大きい区分に「又は」、小さい区分に「若しくは」**を使います。

  ※大きい区分とは、階層が2段階を超えるようなケースです。

  a 若しくは b 又は c 若しくは d

- 階層が**1段階しかない場合は「又は」**のみを使います。

  a、b 又は c

3 「時」と「とき」と「場合」

時点を表すときは「時」、条件を表すときは「とき」を使います。

二つ以上の条件がある場合、大きな条件に「場合」、小さな条件に「とき」を使います。すなわち**「とき」は条件を表すので「場合」と同義ですが、条件が1階層しかないときは「とき」を用います。**

後文

　最後の条文の後に、以下に例示したような**後文といわれる文章を入れることが一般的**です。

> 本契約を証するため本書2通を作成し、甲、乙記名押印の上、各々その1通を保有する

　この文の意味は、2通作成し、各1通を各当事者が保有していることを明らかにする点にあります。**後文は必須ではありません。**

日付

　契約締結日は、後文の後に書くことが多いですが、記載場所にこだわる必要はありません。しかし、**契約書の中に必ず記載してください。**その契約の効力が裁判で争われることになった場合、**"いつ"締結した契約かが重要**になります。

　実際の調印は、一方が調印後、郵送などにより、もう一方の当事者に届けてから調印するのが普通なので、調印日が両当事者では一致しません。これを論理的に考えれば、契約は、両当事者が合意して成立するので、**後に調印する当事者が調印した日が契約締結日**ということになります。

　しかし、契約は合意で成立し、契約書はその証拠に過ぎないので、**実際に合意した日を契約締結日とすることも多い**です。

記名・押印

　記名とは「名前を記すこと」をいい、自署の必要はありません。
パソコンで打っても、ゴム印でも問題ありません。

　一方、**署名とは自署のことをいいます。**企業間の契約書は一般に
記名・押印を行います。署名までは求めないのが一般です。

　押印は「実印」のほうが手堅いですが、そこまで求めるかは契約
の重要性や相手方に対する信頼性により判断します。

　なお、押印の法的な意味については37ページを参照ください。

　一般には右のように記載し
ます。

> 甲　東京都〇〇区〇〇町〇-〇
> 　　株式会社日本実業出版社
> 　　代表取締役　〇〇　〇〇　㊞

　住所を書くのは、同じ名前
の会社が存在するかもしれないので、**住所まで記さないと会社を完
全に特定したことにならない**からです。

　氏名は、代表取締役でないと代表権がないので、**代表取締役の名
前を書くのが原則**です。単に、「代表取締役」と書けば十分で、「社
長」の2文字はあってもなくても構いません。

　大手の会社だと、代表取締役ではなく、部長名等で記名・押印す
る場合もよくあります。その点は33ページを参照ください。

訂正

誤記があった場合は、**誤記を二重線で消し、その上に訂正印を押印します。**訂正印は、契約当事者双方の印を押印します。

捨て印が押印されている場合、二重線上に押印をする必要はありません。**捨て印の横に、訂正内容に応じて「〇字削除、〇字加入」と記入**します。

日本
株式会社 東京実業出版社
（甲印）（乙印）

甲印 乙印 　2字削除、2字加入
日本
株式会社 東京実業出版社

割印

原本を2部以上作る場合に割印をすることがあります。**2部以上になる場合に、同一のものであることを証明するために使用**します。

割印は、契約を結んだ後にどちらかが、都合のよいように内容を改ざん（変造）するリスクを回避することを目的としていますが、実務的には**割印がある契約書のほうが少数派**です。

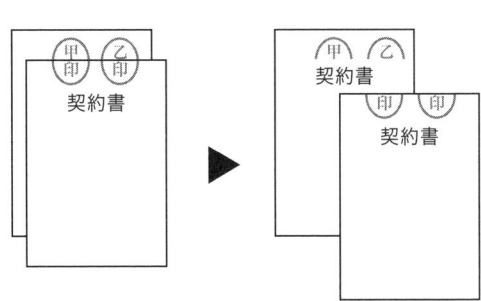

契約書の体裁（物理面）

C社との契約書案を作成いただきありがとうございます。先生が作られた案文ですとA4で4ページなので「袋とじ」とかにするのでしょうか？

もちろん、袋とじで結構ですけど、私は原稿がA4で4枚なら「A3両面」で印刷することをお勧めします。

袋とじよりもA3両面がよいのですか？

じつのところ袋とじは完全ではないんですよ。きれいに袋とじを剥がして、中身の契約書本文を差し替えて、再びきれいに元の製本テープを貼って契約書を変造している事例もあります。その点、A3両面のほうが変造が困難で安全なんですよ。

でも、当社のプリンターはA4しか対応していません。

データをPDFファイルにし、それをUSBメモリに入れて、コンビニのマルチコピー機で印刷すればいいでしょう。袋とじにするより簡単だと思いますけどね……。

複数にわたる契約書は一体にする

　契約書が複数枚にわたる場合は、それを一体とする必要があります。ホチキス等で留めて契印を押すか、製本（袋とじ）するかです。

　これを避けるために、①両面印刷にしたり、②Ａ３用紙を使う方法があります。**A4 が４枚であればA3 に両面印刷をすれば１枚で済み、製本等の手間がいりません。**

　過去には製本したものを巧みにバラし、中身を差し替えて再度きれいに製本し直して契約書を変造した事例もあるので、<u>**リスク管理の観点からも１枚に収まるのであれば１枚に収めたほうが好ましい**</u>といえます。

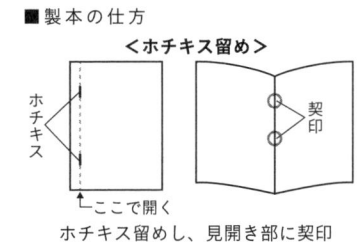

■製本の仕方

＜ホチキス留め＞

ホチキス　　　契印

←ここで開く

ホチキス留めし、見開き部に契印

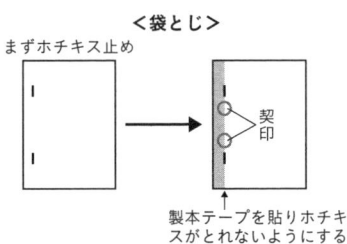

＜袋とじ＞

まずホチキス止め　　　契印

製本テープを貼りホチキスがとれないようにする

袋とじして袋部分に契印
（市販の製本テープを使うと簡単にできる）

❗ **いずれの方法であっても契印は双方の契約当事者が押印する**

　契約書の原本を２部作成する必要性については、コピーだからといって裁判における証拠力がないわけではありません（36ページ参照）。コピーは変造しやすい難点はありますが、変造していなければ相手方が「変造だ！」と言ってくることもありません。相手方としては変造の証拠として原本を証拠提出しなければならないからです。そのため、**融資の契約書や不動産売買の契約書は印紙代を節約するために原本は１部しか作成しないことがよくあります。**

課税文書と印紙

社長

当社は工務店ですが、施主さんとの工事請負契約書に貼付する印紙がもったいないので、契約書を交わさず注文書と請書で工事を受注することにしていますが、問題ないでしょうか？

弁護士

注文書と請書で請負契約を締結する場合、請書に印紙を貼らないとダメですよ。印紙は契約の成立を証する書面に貼る必要があります。「申込」の書面と「承諾」の書面が別書面の場合、「承諾」の書面に印紙を貼る必要があります。

社長

当社は建具などの資材を、注文書と請書で仕入れているのですが、そうであれば、その請書にも印紙が必要なのですか？

弁護士

印紙を貼付する必要がある文書は、印紙税法の別表第一で定められています。売買契約書で印紙の貼付が必要なのは、「不動産、鉱業権、無体財産権、船舶若しくは航空機又は営業の譲渡に関する契約書」です。建具のような動産の売買を証する書面には印紙を貼る必要はありません。

印紙に関する注意事項

　印紙に関して、印紙税法2条において「別表第一の課税物件の欄に掲げる文書には、この法律により、印紙税を課する。」と定められています。印紙を貼付する必要がある**課税文書**かどうかや、印紙の金額を把握するためには、印紙税法別表第一の**課税物件表**を理解する必要があります。課税物件表には1号から20号までの物件が記載されており、契約書に関するものは次ページのとおりです。

　なお、印紙税法の別表第一の通則5項には右表のような記載があります。**念書や請書等、契約当事者の一方のみが署名をする文書でも「契約の成立」を証する書面であれば印紙税の対象**になるのです。

　課税物件表で規定されている契約書の中で異質なのが7号の**継続的取引の基本となる契約書**です。取引基本契約書（29ページ参照）には4,000円の印紙を貼る必要があります。

> **印紙税法　別表第一　通則5項**
> 「契約書」とは、契約証書、協定書、約定書その他名称のいかんを問わず、契約（その予約を含む。以下同じ。）の成立若しくは更改又は契約の内容の変更若しくは補充の事実（以下「契約の成立等」という。）を証すべき文書をいい、念書、請書その他契約の当事者の一方のみが作成する文書又は契約の当事者の全部若しくは一部の署名を欠く文書で、**当事者間の了解又は商慣習に基づき契約の成立等を証することとされているものを含むものとする。**

　貼付で気をつけたいのは、課税物件表17号の**売上代金に係る金銭又は有価証券の受取書**が課税文書である点です。例えば、動産の売買契約書は課税文書ではないものの、売買代金として「本日〇〇円を受領した」と記載すると17号文書として課税文書になります。

号	文書の種類（物件名）	印紙税額（1通又は1冊につき）	主な非課税文書
1	**1　不動産、鉱業権、試掘権、無体財産権、船舶若しくは航空機又は営業の譲渡に関する契約書** （例）不動産売買契約書、不動産交換契約書、不動産売渡証書など **2　地上権又は土地の賃借権の設定又は譲渡に関する契約書** （例）土地賃貸借契約書、土地賃料変更契約書など **3　消費貸借に関する契約書** （例）金銭借用証書、金銭消費貸借契約書など **4　運送に関する契約書** （注）運送に関する契約書には、傭船契約書を含み、乗車券、乗船券、航空券及び送り状は含まれません。 （例）運送契約書、貨物運送引受書など	記載された契約金額が 　10万円以下のもの　　　　　　200円 　10万円を超え50万円以下のもの　400円 　50万円を超え100万円以下　〃　　1千円 　100万円を超え500万円以下　〃　　2千円 　500万円を超え1千万円以下　〃　　1万円 　1千万円を超え5千万円以下　〃　　2万円 　5千万円を超え1億円以下　　〃　　6万円 　1億円を超え5億円以下　　　〃　　10万円 　5億円を超え10億円以下　　　〃　　20万円 　10億円を超え50億円以下　　　〃　　40万円 　50億円を超えるもの　　　　　　60万円 契約金額の記載のないもの　　　　200円	記載された契約金額が**1万円未満（※）**のもの ※第1号文書と第3号から第17号文書とに該当する文書で第1号文書に所属が決定されるものは、記載された契約金額が1万円未満であっても非課税文書となりません。
	上記の1に該当する「不動産の譲渡に関する契約書」のうち、平成26年4月1日から令和9年3月31日までの間に作成されるものは、記載された契約金額に応じ、右欄のとおり印紙税額が軽減されています。 （注）契約金額の記載のないものの印紙税額は、本則どおり200円となります。	記載された契約金額が 　50万円以下のもの　　　　　　200円 　50万円を超え100万円以下のもの　500円 　100万円を超え500万円以下　〃　　1千円 　500万円を超え1千万円以下　〃　　5千円 　1千万円を超え5千万円以下　〃　　1万円 　5千万円を超え1億円以下　　〃　　3万円 　1億円を超え5億円以下　　　〃　　6万円 　5億円を超え10億円以下　　　〃　　16万円 　10億円を超え50億円以下　　　〃　　32万円 　50億円を超えるもの　　　　　　48万円	
2	**請負に関する契約書** （注）請負には、職業野球の選手、映画（演劇）の俳優（監督・演出家・プロデューサー）、プロボクサー、プロレスラー、	記載された契約金額が 　100万円以下のもの　　　　　　200円 　100万円を超え200万円以下のもの　400円 　200万円を超え300万円以下　〃　　1千円	記載された契約金額が**1万円未満（※）**のもの

	音楽家、舞踊家、テレビジョン放送の演技者（演出家、プロデューサー）が、その者としての役務の提供を約することを内容とする契約を含みます。 （例）工事請負契約書、工事注文請書、物品加工注文請書、広告契約書、映画俳優専属契約書、請負金額変更契約書など	300万円を超え500万円以下　〃　2千円 500万円を超え1千万円以下　〃　1万円 1千万円を超え5千万円以下　〃　2万円 5千万円を超え1億円以下　〃　6万円 　1億円を超え5億円以下　〃　10万円 　5億円を超え10億円以下　〃　20万円 10億円を超え50億円以下　〃　40万円 50億円を超えるもの　60万円 契約金額の記載のないもの　200円	※第2号文書と第3号から第17号文書とに該当する文書で第2号文書に所属が決定されるものは、記載された契約金額が1万円未満であっても非課税文書となりません。
	上記の「請負に関する契約書」のうち、建設業法第2条第1項に規定する建設工事の請負に係る契約に基づき作成されるもので、平成26年4月1日から令和9年3月31日までの間に作成されるものは、記載された契約金額に応じ、右欄のとおり印紙税額が軽減されています。 （注）契約金額の記載のないものの印紙税額は、本則どおり200円となります。	記載された契約金額が 200万円以下のもの　200円 200万円を超え300万円以下のもの　500円 300万円を超え500万円以下　〃　1千円 500万円を超え1千万円以下　〃　5千円 1千万円を超え5千万円以下　〃　1万円 5千万円を超え1億円以下　〃　3万円 　1億円を超え5億円以下　〃　6万円 　5億円を超え10億円以下　〃　16万円 10億円を超え50億円以下　〃　32万円 50億円を超えるもの　48万円	
7	継続的取引の基本となる契約書 （注）契約期間が3ヶ月以内で、かつ、更新の定めのないものは除きます。 （例）売買取引基本契約書、特約店契約書、代理店契約書、業務委託契約書、銀行取引約定書など	4千円	
13	債務の保証に関する契約書 （注）主たる債務の契約書に併記するものは除きます。	200円	身元保証ニ関スル法律に定める身元保証に関する契約書
14	金銭又は有価証券の寄託に関する契約書	200円	

62ページに続く

| 17 | 1　売上代金に係る金銭又は有価証券の受取書

(注)1　売上代金とは、資産を譲渡することによる対価、資産を使用させること（権利を設定することを含みます。）による対価及び役務を提供することによる対価をいい、手付けを含みます。
　　2　株券等の譲渡代金、保険料、公社債及び預貯金の利子などは売上代金から除かれます。

(例) 商品販売代金の受取書、不動産の賃貸料の受取書、請負代金の受取書、広告料の受取書など | 記載された受取金額が
100万円以下のもの　　　　　　　　　200円
100万円を超え200万円以下のもの　400円
200万円を超え300万円以下　〃　　600円
300万円を超え500万円以下　〃　　1千円
500万円を超え1千万円以下　〃　　2千円
1千万円を超え2千万円以下　〃　　4千円
2千万円を超え3千万円以下　〃　　6千円
3千万円を超え5千万円以下　〃　　1万円
5千万円を超え1億円以下　　〃　　2万円
　1億円を超え　2億円以下　　〃　　4万円
　2億円を超え　3億円以下　　〃　　6万円
　3億円を超え　5億円以下　　〃　　10万円
　5億円を超え10億円以下　　〃　　15万円
10億円を超えるもの　　　　　　　　20万円

受取金額の記載のないもの　　　　　200円 | 次の受取書は非課税

1　記載された受取金額が5万円未満のもの
2　営業に関しないもの
3　有価証券、預貯金証書など特定の文書に追記した受取書 |
| | 2　売上代金以外の金銭又は有価証券の受取書

(例) 借入金の受取書、保険金の受取書、損害賠償金の受取書、補償金の受取書、返還金の受取書など | 200円 | |

第 3 章

契約書の
「読み方」に
強くなる！

～どの契約にも共通する
"お決まり条項"の意味～

「契約書を読むのが苦手です」という方は少なくありません。このような場合は、重視する条文とその意味を知ったうえで読み進めるのがポイントになります。

目的

（3月下旬に）

画材店

美大生用の絵具のセットを200セットお願いします。
注文書はFAXします。

（翌日）

問屋

注文書確認いたしました。毎度ありがとうございます。
承り書FAXしますね。

（4月中旬に）

問屋

ご注文の絵具セットお届けに参りました。

画材店

遅い！　4月8日の〇〇美術大学の新入生向け即売会で売る予定で注文したのに、売れなかったじゃないか！　儲け損ねた上に〇〇美術大学からの信用がガタ落ちだ！　損害賠償請求するぞ。

問屋

そうおっしゃっても、注文書に納期も目的も書いてありません。当社としては何も契約に違反しておりません。絵具200セット置いていきますので、約束の代金をちゃんと払ってくださいね。

---

point　
弁護士
注文書に納期も目的も書いてないなら、訴訟しても勝てませんよ！

無意味なようだが解釈上、重要視されることもある

第1条のタイトルが**「目的」である契約書をよくみかけます。**

「目的」自体は当事者を拘束するものではありません。しかし、**「目的」は契約の解釈に役に立つことがあります。**

契約書上で、争いになるような事項を事前にすべて予測し、取り決めを記載しておくことは困難です。

〈例文〉

第1条（目的）
甲は、甲が商業出版する書籍の印刷を以下に定める規定に従い乙に委託し、乙はこれを受託した。

例えば、民法562条は売買に関する契約不適合責任の条文ですが、**引き渡されたものが契約の内容に適合するのか否かを判断するとき、契約の「目的」は参考になります。**設例のように契約の履行期が導き出せることもあります（設例の場合は、納期も目的も記載されていないので、訴訟しても画材店は勝てない）。

そうはいっても、筆者の経験では、「目的」で契約の解釈が変わることは多くはありません。例えば、中古車の売買で、その目的が「レジャー用」であっても「通勤用」であっても「営業の外回り用」であっても、契約不適合か否かの結論が異なることはありません。

したがって、一般的に契約書の作成にあたって無理に「目的」条項を入れる必要性はありません。

もっとも、システム開発の委託契約書など、**オーダーメイドで物を作ることを発注する契約は「目的」条項を入れるべきです。**なぜなら、オーダーの解釈に見解が分かれたときに、「目的」が参考になるからです。

支払期限

この度、当社建築中の○○アパート用にエアコン10台を納品していただきましたので、請求書を発行してください。請求書を受け取った月の翌月末日にお支払いします。

いや、翌月末と言わず、すぐに支払ってください。当社としても、仕入先への支払いがあるので、来月末では困ります。

そう言われても、当社としても資金繰りの都合があるので、今すぐには支払えません。

でも、注文書にも、請書にも、支払期限については何も記載がないですよね。支払期限に関する特段の合意がない場合は、商品と代金は引き換えが原則であると顧問弁護士からも聞いています。

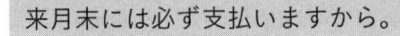
そう言われてましても……。
来月末には必ず支払いますから。

来月末でないとお支払いいただけないというのであれば、この商談はなかったことにしましょう。エアコン10台を持ち帰らせていただきます。

支払期限の定めがなければ同時履行が原則

　民法533条に**同時履行の抗弁権**という条文があります。売買を例に説明すると、商品の引渡しと代金の支払いは同時、つまり**「商品と代金は交換ですよ」**という常識的なことを難しく書いただけの条文です。

　ビジネスでは現金取引よりも「掛け」が一般的ですが、民法では同時履行の抗弁権があるので、**「掛け」で取引をする場合、その旨を契約書に明記しなければなりません。**

　「掛け」である旨を明記すれば、民法533条のただし書き（ただし、相手方の債務が弁済期にないときは、この限りでない）が適用され、同時履行の抗弁権が排除されます（例文1）。

> **民法５３３条**
> 双務契約の当事者の一方は、相手方がその債務の履行（債務の履行に代わる損害賠償の債務の履行を含む。）を提供するまでは、自己の債務の履行を拒むことができる。ただし、相手方の債務が弁済期にないときは、この限りでない。

■同時履行の抗弁権

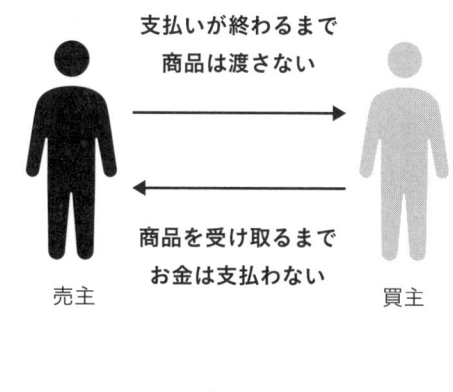

支払いが終わるまで商品は渡さない

商品を受け取るまでお金は支払わない

売主　　　　　　　買主

〈例文1〉

> 1　乙は、納品後、甲の検収を受けて直ちに代金を甲に請求するものとする。
> 2　甲は、前項の請求書を受理したときは、請求書発行月の翌月末日迄に乙に代金を支払うものとする。なお、支払日が金融機関休業日の場合は前営業日に支払うものとする。

前払いも合意が必要

　一方、「掛け」は後払いですが、代金を前払いとする場合もあります。

　特に、建物建築やシステム開発など、**工期が長い場合**、その代金を後払いとすると、請負人（受注業者）の資金負担が大きくなり過ぎるので、工事・開発期間中に**一部代金を支払う分割払い**とすることが多くあります。これも**同時履行の抗弁権を排除する契約**で、例文2がその例になります。

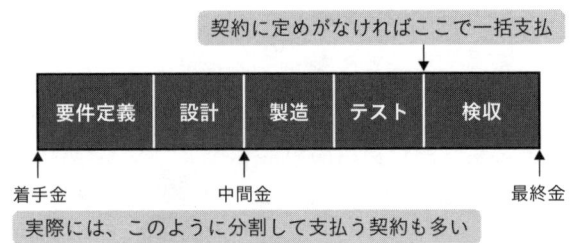

■システム開発代金の支払時期

契約に定めがなければここで一括支払

要件定義	設計	製造	テスト	検収

着手金　　　　　　　中間金　　　　　　　　最終金

実際には、このように分割して支払う契約も多い

〈例文2〉

　1　本契約に基づいて、甲が乙に対して支払う請負代金額は金〇〇円（消費税を除く）とする。
　2　前項の請負代金は以下のとおりに分割して、甲が乙に対して支払う。
　(1) 着手金〇〇円　支払期限　令和〇年〇月〇日
　(2) 中間金〇〇円　支払期限　仕様書確定後7日以内
　(3) 最終金〇〇円　支払期限　検収後7日以内

支払時期を契約書に定めないとどうなるか

　同時履行の抗弁権を定めた民法533条は**双務契約**について規定された条文です。双務契約とは、契約する双方が、それぞれお互いに債務を負担する契約です。その代表例は、売買契約、雇用契約、賃

貸借契約、請負契約、委任契約などになります。

　ビジネスにおいては「掛け」が主流である一方で、民法上は、同時履行が原則です。特に契約書に定めなく、従前、翌月末支払で行ってきた売主・買主間において、突然、売主が「すぐ払え」と言ってきたらどうなるでしょうか。

　契約書で代金の支払時期（弁済期）について定めがない以上、民法533条本文が適用され、買主は商品の受取りと同時に代金を支払わなければならないと考えられます。

　一方で、契約書には記載はないものの、契約書は合意の証拠に過ぎず、売主・買主間には翌月末支払いとする**口頭ないし黙示の合意**があったから、買主は翌月末まで代金の支払いを猶予できるとも考えられます。

　この2つの考え方のどちらが正しいとも、即座には判断できません。そこで、**このようなトラブルになることを防止するため、双務契約の契約書には、必ず、支払期限に関する条項を入れましょう。**

支払方法

不動産屋
お客様の不動産が当社の仲介で1億円で売却成約となりました。仲介手数料336万6,000円をお支払いください。

（その場で現金を差し出し）

個人客
はい、336万6,000円です。お確かめください。

不動産屋
いや、申し訳ありませんが、当社の内規で現金では受け取れません。銀行振込でお願いいたします。

個人客
そんな話、聞いていません。媒介契約書にも書いていないのですから、現金で受け取ってください。

不動産屋
うーん。ちょっと、上司に相談してきます。
（上司に相談後）……やはり、現金では受け取ることはできません。

個人客
じゃあ、しょうがないので振り込みますが、振込手数料880円はそちらの負担として336万5,120円を振り込みますね。

不動産屋
いや、振込手数料は振り込む側が負担するのが原則です。宅建士の試験勉強で勉強しました。

個人客
でも、法的根拠なく現金受取を拒否したそちらのせいですよ。あなたの言っていることは理不尽だ！

「支払方法」を定めないとどうなるか

　金銭の支払方法に関しては、民法477条に「預金又は貯金の口座に対する払込みによる弁済」という規定があり、振込みが金銭の支払方法の1つとして認められています。

　しかし、伝統的には現金による支払いこそが原則的な支払方法です。したがって、**契約において特段の合意がない限り、本来、現金による支払いを拒めません。**

　振込みの場合、振込手数料をどちらが負担するのかが問題となります。この点は、まずは合意により判断されるので、契約書に「**但し、振込手数料は甲の負担とする。**」等の定めを入れます（例文1、2）。

　では、契約時に振込手数料に関する合意がない場合どうなるかといえば、**振込手数料は支払う側（振り込む人）が負担をする**こととなります。なぜなら民法485条で「弁済の費用について別段の意思表示がないときは、その費用は、債務者の負担とする。」と規定されているからです。これを**持参債務の原則**といいます。振込手数料はこの「弁済の費用」にあたります。

〈例文1〉

> 前条の〇〇代金の支払は、甲が乙の指定する預金口座に振り込む方法で行う。但し、振込手数料は甲の負担とする。

〈例文2〉

> 前条の〇〇代金の支払は、以下の預金口座に振り込む方法で行う。但し、振込手数料は甲の負担とする。
> ××J銀行　××支店
> 普通預金　口座番号：1234567
> 口座名義　株式会社××不動産

著作権

 本学の学生募集案内に使った文章と同じ文章をB大学の学生募集案内にも使いましたね。

 はい、弊社が作成しました貴校の学生募集案内の著作権は弊社にありますので問題ありません。

 お金は本学が出したのだから理不尽だ！

 しかし契約書に著作権移転条項がないので著作権は弊社に留保されています。

弊社が貴社から受注し開発した貴社の販売管理システムの著作権は弊社にあるので、他社にメンテナンスをさせたら違法です。

貴社に保守をお願いすると、いくらになりますか？

1人月あたり150万円をいただきます。

えっ、150万円もするの？　C社というシステム開発会社からは、1人月75万円の見積りをもらっているのに……。

クリエーターにとって極めて重要な権利「著作権」

　「著作権」とは、「著作物」を創作した者（以下、**著作者**といいます）に与えられる、自分が創作した著作物を無断でコピーされたり、インターネットで利用されない権利です。

　文章、デザイン、写真等の作成に関する契約（広告宣伝物の作成の契約、コンサル契約等）には極めて重要な権利といえます。また、**コンピュータプログラム**の権利も著作権です。

　著作権は表現に関する権利で、**"物"に対する所有権と区別して考える**必要があります。

　例えば、小説本を書店で買った場合、本の所有権は購入者にありますが、著作権は小説家にあります。

■著作権は創作的な表現に関する権利

著作権　作家
所有権　本を買った人

著作権の内容

　著作権は、次ページの図に示したような複数の権利から成り立っています。

　その中でも**一番重要なのは「複製権」**です。著作権がないと複製、すなわちコピーすることすら許されません。

■著作権の体系

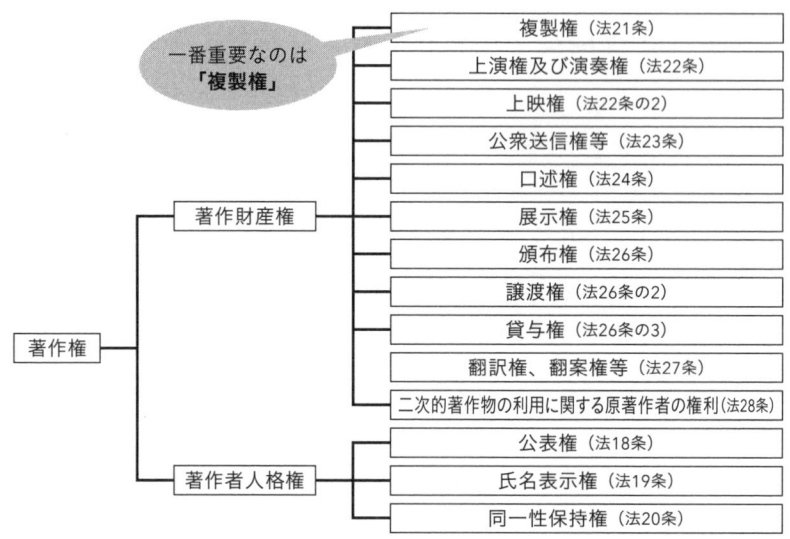

一番重要なのは
「複製権」

著作権

著作財産権
- 複製権（法21条）
- 上演権及び演奏権（法22条）
- 上映権（法22条の2）
- 公衆送信権等（法23条）
- 口述権（法24条）
- 展示権（法25条）
- 頒布権（法26条）
- 譲渡権（法26条の2）
- 貸与権（法26条の3）
- 翻訳権、翻案権等（法27条）
- 二次的著作物の利用に関する原著作者の権利(法28条)

著作者人格権
- 公表権（法18条）
- 氏名表示権（法19条）
- 同一性保持権（法20条）

（注）上図の法21条等の「法」とは著作権法を指します。

著作権が発生するタイミング

著作権は「創作的な表現」に対して認められる権利です。これを**創作性の要件**といいます。

といっても、高度なことが要求される訳ではありません。裁判例によれば**「作成者の何らかの個性が表現されたものであ**

■著作権の無方式主義

特許権の場合

発明

特許出願等の手続・査定が必要

出願 → 審査

特許査定
拒絶査定 **NG**

特許権

著作権の場合

創作

創作性があれば手続なく権利が発生

著作権

る」ことで足りるとのことです。したがって、ビジネスで作る文書やプログラムは一般に著作権が発生すると考えてください。

著作権は、**創作性の要件を満たす文章やプログラムを作成すれば原始的に発生**します。これを**無方式主義**といいます。これが著作権の大きな特徴です。特許権のような出願や申請は不要です。

そこで「著作者とは誰なのか」が問題となりますが、職務著作に関する規定があり、一般に、**社員が仕事で作った著作物の著作権は、社員の属する会社が著作者**となります。

著作権を発注者が持っていないことによる不都合

著作権は原始的に著作者に帰属します。しかし、著作権が著作者に帰属したままだと「発注者」に不都合が生じます。

不都合① 割高かつ修正しづらい

著作物の修正は、著作権者の承諾がないとできません。特にこの点が重要なのは**プログラム著作権**です。

ビジネスで使用するシステムは、一旦リリースした後も、その後改良を行うのが一般です。しかし、かかる改良はプログラム著作権者の許可がなければできません。

したがって、開発を依頼したITベンダーが著作権を握っていると、改良を含むメンテナンスは「開発を依頼したITベンダー」に委託するしかありません。その場合、競争原理は働かないので、どうしても**単価が高くなる**傾向があります。

また、毎年制作するような著作物も、著作物の修正ができるのかが重要です。

例えば、大学の入学案内を考えてみてください。入学案内は毎年、新しいものを作りますが、その内容は前年度版をリバイス（訂正、加筆、修正）するのが効率的です。しかし、前年度版の著作権を前年度の制作会社が握っていると、他社は前年度版を**リバイスできない**ことになります。

不都合②　使い回されるリスクがある

例えば、ITベンダーであるA社がホテルチェーンであるB社から、ホテルの予約システムを受注し開発したとします。

そのシステムの著作権をA社が握っていると、A社はその予約システムをB社のライバルであるC社に売り込むことができてしまいます。A社としてはB社からの受注で開発コストは回収しているので、安くC社に売り込むことができてしまいます。

その結果、C社がB社と同じ予約システムをB社より安く手に入れることが可能となります。B社としては、このような**ライバル企業にメリットを与える**ようなことは許容できません。

著作権の移転の交渉をしよう

制作物の受注者としては、著作権を自らに留保したほうがビジネス上、有利です。

反対に、発注者としては、著作権を自らに移転させたほうがビジネス上、有利です。

何もしなければ著作権は著作者（受注者）に留保されますから、発注者としては受注者に著作権を移転してもらうように交渉をすべきです。

もっとも、受注者としては著作権を留保したいですから、最終的には**両者の力関係と対価で決まる**こととなります。

著作権の「移転」の条文を記載するときのポイント

　契約上の対策としては移転の条文を記載することですが、具体的には次の2点を押さえます。

①27条と28条を特掲する

　著作権法61条2項は右上表のように規定しています。著作権を移転する契約書の条項には、著作権法27条と28条を掲げなければいけません。右の例文のように記載をします。

> **著作権法61条2項**
> 著作権を譲渡する契約において、第二十七条又は第二十八条に規定する権利が譲渡の目的として特掲されていないときは、これらの権利は、譲渡した者に留保されたものと推定する。

〈例文〉

> 納入物に関する著作権（**著作権法第27条及び第28条の権利を含む。以下同じ。**）は、乙又は第三者が従前から保有していた著作物の著作権を除き、甲より乙へ委託料が完済されたときに、乙から甲へ移転する。なお、かかる乙から甲への著作権移転の対価は、委託料に含まれるものとする。また、乙は甲に対して著作者人格権を行使しない。

②著作者人格権を行使しない

　著作権法59条は右下表のように規定しています。

　著作者人格権とは、「公表権」「氏名表示権」「同一性保持権」をいいます（74ページ上図参照）。著作者人格権も発注者に移転させたいところですが、譲渡できないことが法定されているので、やむを得ず、**「著作者人格権を行使しない」ことを契約しておきます。**

> **著作権法59条**
> 著作者人格権は、著作者の一身に専属し、譲渡することができない。

解除

Bスーパーの新規店舗の工事を請け負っています。ただ、Bスーパーは資金繰りが厳しいようで、最近、差押えを受けたという噂です。工事請負契約を解除したいのですが、可能でしょうか？

それは聞き捨てなりませんね。
どれどれ、請負契約書を見せてください。

請負契約書はありません。注文書と請書でやっています。
注文書、請書はこれです。

残念ながら、この契約ではBスーパーの合意がないと解除できませんね。なぜなら、いわゆる倒産解除条項がないからですよ。

倒産解除条項って何ですか？

相手が差押えを受けたり破産申立てをしたら、一方的にこちらから解除できるとする条項です。それがないこの契約では解除できませんね。一方的に工事を中止したら、逆に損害賠償請求されるリスクがありますから。

工事を請け負う前に先生に相談しておけば良かった……。

契約によって一方的に解除可能とする「約定解除」

　契約を途中でやめたくなった場合、契約当事者双方が合意をすれば、やめられます。これを**合意解除**といいます。

　しかし、実際にはなかなか合意解除はできません。

　例えば、施主の経営が苦しそうなので、建設会社としては「代金を支払ってもらえるか不安だから解除しよう」と思っても、施主は同意してくれないでしょう。

　また、建設会社が納期を守らないので施主が「契約を解除しよう」と思っても、建設会社としてはおいそれと合意できないでしょう。

　そこで**法定解除**という概念があります。これは民法で定める一定の事由に該当すると解除できるとするものです。

　また、個別に合意をしなくても、事前に契約書で、「このような場合は解除できる」旨を定めておけば、その条件を満たした場合、一方当事者からの意思表示（通知）で解除できます（**約定解除**）。

　契約書には「約定解除」の条件を定めるようにしておくことが重要です。

■法定解除・約定解除・合意解除

	根　拠	必要な意思表示
法定解除	民法541条・542条	通知
約定解除	契約書の解除条項	通知
合意解除	当時者間の合意	合意

直ちに解除できるのはどういったケースなのか

　法定解除や約定解除の解除事由には、いきなり解除できる**無催告解除**と、催告をしても相手方が履行してくれないときに解除できる**催告解除**の２種類があります。

　無催告解除できる事由は民法542条１項で下表のように定めていますが、この条項は任意規定です。契約書に必ず記載する内容ではありません。

民法５４２条１項

（1）債務の全部の履行が不能であるとき。

（2）債務者がその債務の全部の履行を拒絶する意思を明確に表示したとき。

（3）債務の一部の履行が不能である場合又は債務者がその債務の一部の履行を拒絶する意思を明確に表示した場合において、残存する部分のみでは契約をした目的を達することができないとき。

（4）契約の性質又は当事者の意思表示により、特定の日時又は一定の期間内に履行をしなければ契約をした目的を達することができない場合において、債務者が履行をしないでその時期を経過したとき。

（5）前各号に掲げる場合のほか、債務者がその債務の履行をせず、債権者が前条の催告をしても契約をした目的を達するのに足りる履行がされる見込みがないことが明らかであるとき。

法定外の事由として「倒産解除条項」を定める

　無催告解除できる事由が、民法542条１項に定める内容だけで事足りるのであれば、契約書上に同条項を規定する必要はありません。しかし、一般には、契約書に無催告解除の事由として「相手方が倒産の危機に直面したような場合」も挙げています。相手方が倒

産しそうになったら、その前に契約を解除し、債権の保全をはかる必要があるので、**法定外の事由として「倒産解除条項」を定めます。**

　その倒産解除条項が〈例文〉の１項（1）〜（3）です。次ページに示したイメージ図も参考にしてください。

〈例文〉

1　甲又は乙は、相手方に次の各号のいずれかに該当する事由が生じた場合には、何らの催告なしに直ちに本契約の全部又は一部を解除することができる。
　（1）支払の停止があった場合、又は仮差押、差押、競売、破産手続開始、民事再生手続開始、会社更生手続開始、特別清算開始の申立があったとき
　（2）手形交換所の取引停止処分を受けたとき、又は支払不能処分制度に基づき６ヶ月以内に２回以上電子記録債権の支払不能を生じさせたことにより取引停止処分を受けたとき
　（3）公租公課の滞納処分を受けたとき
　（4）背信的行為があったとき
　（5）その他前各号に準ずるような本契約を継続し難い重大な事由が発生したとき
　（6）前各号に定めるほか、民法第５４２条１項で定める要件に該当するとき
2　甲又は乙は、相手方が本契約のいずれかの条項に違反し、相当期間を定めて催告をしたが、相当期間内に、相手方の債務不履行が是正されない場合は、本契約の全部又は一部を解除することができる。但し、その期間を経過した時における債務の不履行がその契約及び取引上の社会通念に照らして軽微であるときは、この限りでない。
3　前２項により解除が行われたときは、解除をされた当事者は、相手方に対し負担する一切の金銭債務につき当然に期限の利益を喪失し、直ちに弁済しなければならない。
4　第１項又は第２項による解除が行われたときは、解除を行った当事者は、相手方に対し、損害賠償を請求することができる。

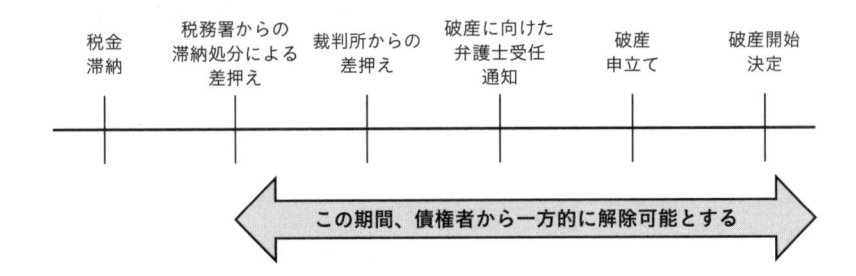

■倒産解除条項による解除

税金滞納 → 税務署からの滞納処分による差押え → 裁判所からの差押え → 破産に向けた弁護士受任通知 → 破産申立て → 破産開始決定

この期間、債権者から一方的に解除可能とする

解除に関してはココも押さえておこう

①債務不履行があっても即、解除できるとは限らない

　民法541条本文は当事者の一方が債務を履行しない場合、「**相当の期間を定めてその履行の催告をし、その期間内に履行がないときは、相手方は、契約の解除をすることができる。**」、つまり、催告をし、それでも是正されない場合に解除できるとしています。

　ただし、541条ただし書きに「債務の不履行がその契約及び取引上の**社会通念に照らして軽微であるときは、この限りでない。**」とも規定されているので注意してください。また、債務不履行を無催告解除の事由とする契約書も散見されますが、訴訟になった際、**権利濫用とされ認められない事案もある**ので注意をしましょう。

②事案によっては押さえておきたい「期限の利益喪失条項」

　例えば、建設会社が「施主が倒産しそうだから」という理由で解除をした場合、建築物の引渡し前であっても、施主に出来高に応じた代金を請求しないと債権が保全できません。

　そこで、〈例文〉の3項は、「相手方に対し負担する一切の金銭債務につき当然に**期限の利益を喪失し、直ちに弁済しなければならない。**」とし、解除をした場合は契約書で定める支払時期に関係なく、代金を請求できるようにしています。

損害賠償

IT企業
ゴルフ練習場から、プリペイドカードをICカードへ切り替える案件を受託しましたが、リリースが2週間遅れました。すると2週間分の休業損害の支払いを求めてきまして……。応じなければいけないのでしょうか？

弁護士
損害賠償の範囲は、相当因果関係のある通常損害の範囲が原則です。ICカードへ切り替えが遅れても、通常、遅れた期間は従前どおりプリペイドカードで営業するでしょうから、休業損害は通常損害ではなく特別損害ですね。契約書に特約がなければ損害賠償に応じる必要はないでしょう。

IT企業
でも、契約書に、「乙の債務不履行によって生じたすべての損害を賠償する」と書いてあります。

弁護士
だとすると、残念ながら休業損害も損害賠償に応じないといけません。「すべて」なので、特別損害も包含されますからね……。

損害賠償はどこまで認められるものなのか

契約に違反した相手方に対して、損害賠償を求めることができます。問題は「どの範囲で損害賠償が認められるか」です。

民法415条1項本文は右のように、債務不履行があった際に、**その債務不履行と「因果関係」がある損害**について賠償が認められることを規定しています。

> **民法415条1項**
>
> 債務者がその債務の**本旨に従った履行をしないときは、債権者は、これによって生じた損害の**賠償を請求することができる。

では、因果関係があれば必ず損害賠償が認められるのでしょうか。

「風が吹けば桶屋が儲かる」は下表のような展開をすることわざで、「可能性が低い因果関係を無理やりつなげ、こじつけた理論や言いぐさ」を指すといわれています。

このような希薄な因果関係の損害まで損害賠償が認められると不公平な結論となってしまいます。損害賠償が認められる因果関係の範囲をどこかで切らないといけません。

■ことわざ「風が吹けば桶屋が儲かる」

1. 大風で土ぼこりが立つ
2. 土ぼこりが目に入って、盲人が増える
3. 盲人は三味線を買う
   （当時の盲人が就ける職に由来）
4. 三味線に使う猫皮が必要になり、ネコが殺される
5. ネコが減ればネズミが増える
6. ネズミは桶をかじる
7. 桶の需要が増え桶屋が儲かる

そこで民法416条1項は、「債務の不履行に対する損害賠償の請求は、これによって**通常生ずべき損害の賠償**をさせることをその目的とする。」と規定しています。すなわち、通常損害の範囲で賠償が認められ

ます。これが原則です。

一方、民法416条2項は、「特別の事情によって生じた損害であっても、**当事者がその事情を予見すべきであったとき**は、債権者は、その賠償を請求することができる。」と規定し、例外として、予見すべき事情があった場合に**特別の損害**も賠償範囲となります。

> **通常損害**…債務の不履行によって、社会通念上、通常に発生する損害
> **特別損害**…通常損害には含まれないものであって、「特別の事情」によって生じたといえる損害

〈例文1〉

> 甲及び乙は、本契約の履行に関し、相手方の責に帰すべき事由により被った**通常かつ直接の損害**に関して、相手方に対して損害賠償請求をすることができる。

〈例文2〉

> 甲及び乙は、本契約の履行に関し、相手方の責に帰すべき事由により被った**すべての損害**（合理的な弁護士費用を含む）について、相手方に対して損害賠償請求をすることができる。

損害賠償金額の制限（上限）条項を入れる

では、飛行機の自動操縦システムに不具合が生じて墜落し、400名の方が亡くなった場合、自動操縦システムを作ったシステム開発会社は400名の生命侵害の損害賠償責任を負うのでしょうか。

この生命侵害の損害は「通常生ずべき損害」と思えます。

また、航空会社の予約システムがプログラム不良によりダウンし、飛行機が1日運航できなくなった場合に、航空会社が儲け損

なった利益は賠償範囲になるでしょうか。

この場合、航空会社の儲け損なった利益は通常損害ではないかもしれません（システムの不良で認められる通常損害は不良対応の人件費等が一般です）が、予約システムを開発したシステム開発会社は、予約システムがダウンした場合に、飛行

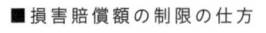
■損害賠償額の制限の仕方

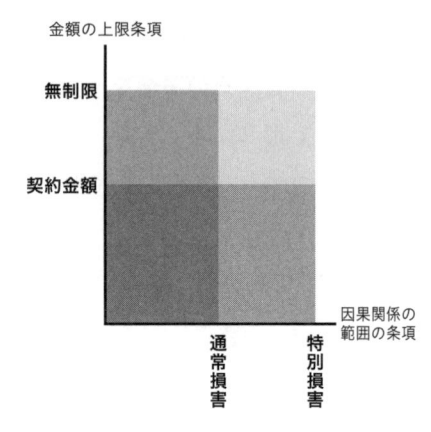

機が運航できなくなることは予見しているでしょうから、特別損害として損害賠償の範囲に含まれてしまいそうです。しかし、それではシステム開発会社側のリスクが大きすぎて飛行機の予約システムを受注できません。

そこで、システム開発の請負契約では**損害賠償金額の制限（上限）条項**を入れることがよく行われます。損害賠償額を、当該案件のシステム開発会社への支払（予定）額を上限とする例が多いです。

また、保守契約等の継続的契約では金額の制限を設け難いので、金額の制限ではなく、損害の範囲を通常損害に限る等、損害賠償の対象となる因果関係の範囲を制限する方法もよくとられます。

いずれにしても、**損害賠償の制限条項は契約書の中で極めて重要**です。相手方が契約書の原案を作ってきたとき、損害賠償条項は必ず精査しましょう。

契約期間

（社長）先生との顧問契約を今月で解約させてください。

（税理士）それはできません。私との顧問契約は3年前の4月に締結しましたけど1年自動更新の契約なので、来年の3月まで解約できません。

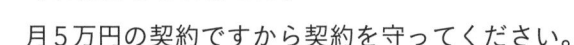

（税理士）貴社の業務が順調に拡大し、記帳代行の量が増えたので、顧問料を月5万円から10万円に値上げさせてください。

（社長）それは応じられません。
月5万円の契約ですから契約を守ってください。

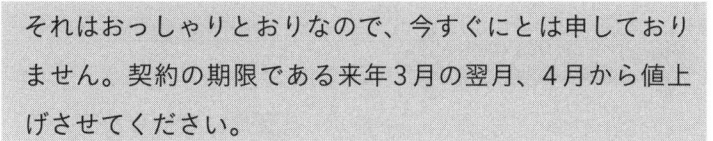

（税理士）それはおっしゃりとおりなので、今すぐにとは申しておりません。契約の期限である来年3月の翌月、4月から値上げさせてください。

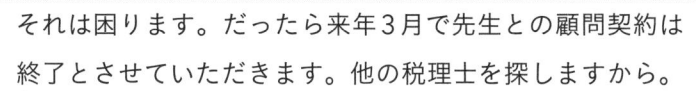

（社長）それは困ります。だったら来年3月で先生との顧問契約は終了とさせていただきます。他の税理士を探しますから。

継続的に行われる取引は契約期間を定めるのが一般的

継続的な取引を対象とする契約は契約期間を定めるのが一般的です（右表）。

表内の例でいえば、**①業務委託契約、②保守契約、③顧問契約**は、民法上の**準委任契約**です。準委任契約は、民法の委任の規定が準用されます。

民法651条本文は「委任は、各当事者がいつでもその解除をすることができる」と規定をしています。したがって、**契約期間の定めがないと、いつでも双方から解約が可能**となります。

> **契約期間を定める主な契約**
> ①業務委託契約
> ②保守契約
> ③顧問契約
> ④賃貸借契約
> ⑤ライセンス契約
> ⑥秘密保持契約
> ⑦取引基本契約

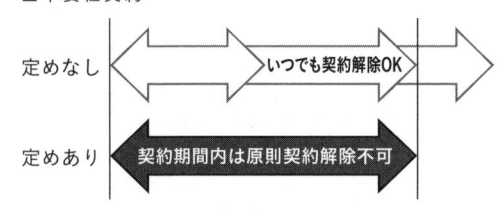

■準委任契約

定めなし　いつでも契約解除OK

定めあり　契約期間内は原則契約解除不可

④賃貸借契約については、**動産**の場合は民法617条により、**いつでも解約の申し入れをすることができ、その翌日に契約は終了**します。一方、**不動産**の場合は民法の特別法である借地借家法で**簡単には終了できない**ように規定されています（142ページで詳述）。

⑤ライセンス契約や**⑥秘密保持契約**は、いわゆる**無名契約**であり、法律に条文がありません。したがって、**契約期間を定めておかないといつ終わりにできるのか、まったく不明**となってしまいます。

⑦<u>取引基本契約</u>は、**契約期間を定めておかないと、当事者間で取引のある限り適用**されることになります。契約期限の定めがないと、当事者双方による合意がないと契約内容の一部でも変更できず、取引中に変更したくても相手方の同意がないと変更できないという不都合が生じてしまいます。

契約期間に関する条項に記載すべき要素

　契約期間に関する条項として次の3点は押さえるようにします。

契約期間

　以下のように、**契約の始まり（始期）と終わり（終期）**を明確にして契約期間を定めます。

> **例1**　本契約の期間は、2024年7月1日から2025年6月30日までとする
> **例2**　本契約の期間は、2024年7月1日から1年間とする
> **例3**　本契約の期間は、契約締結日から1年間とする

自動延長（更新）

　契約期間の更新は、当事者同士の合意によって行うのが原則です。しかし、契約更新が一定以上の確率で見込まれる場合には、手続きを簡略化するために**自動更新（延長）条項**を設けることが通例です。

　「更新」「延長」という文言について、神経質になる必要はありませんが、「自動更新」とした場合は、期間満了に伴って従前と同じ契約が締結されたというように解釈することもできますし、従前の契約が期間延長されたと解釈することもできます。したがって、

「自動延長」のほうが解釈が分かれないので、筆者は自動延長という言葉を使うようにしています。

自動延長（更新）条項における留意点は以下の2点です。

①更新（延長）しない場合、期間満了のどれくらい前に相手方に通知をする必要があるか
②更新（延長）しない旨の通知方法を書面やメールに限定するか

〈例文〉

1　本契約の有効期間は本契約締結日より1年間とする。但し、契約期間満了の3ヶ月前までに甲乙いずれかから書面若しくは電子メールによる本契約終了の意思表示がない限り、自動的に期間満了の翌日から1年間延長されるものとし、以後同様とする。
2　本契約第●条に定める守秘義務は、前項の有効期間終了後も●年間存続する。

存続条項

契約が終了しても、引き続き存続させておくほうがよい条項が一部存在します。この場合は存続条項として、契約終了後も有効に存続する旨を定めます。条項の例は以下のとおりです。

・秘密保持義務に関する条項　　・個人情報保護に関する条項
・損害賠償に関する条項　　　　・合意管轄に関する条項

なお存続条項には以下の2種類があります

・無期限の存続を定める場合　　・一定期間に限って存続する旨を定める場合

損害賠償や合意管轄など**紛争解決に関する条項は無期限としておく**のがよいでしょう。**個人情報の保護も無期限とすることが多いで**す。それに対し、**秘密保持義務に関する条項については、負担軽減の観点から一定の期限（3年程度）を設ける**ことが一般的です。

秘密保持

ベンチャー

当社が開発したAIによるマーケティングシステムのアイデアをA社に漏らしましたね。なんてことをしてくれるんですか。

コンサル

それは御社の力だけでは実用化困難と思ったから協力会社を探すためです。御社のためを思ってやったことですよ。

ベンチャー

そうだったとしても、事前に断りなくA社に話をもっていくのは、御社とのコンサル契約にある秘密保持義務違反です。損害賠償請求します！

コンサル

いや、秘密保持義務違反ではありません！　御社とのコンサル契約の第〇条には、秘密について、秘密である旨を明示したものに限っていますけれど、A社に話した内容は御社から秘密と明示されて開示を受けた内容ではありませんから。

「秘密情報」と「例外事由」を定義する

　秘密保持条項では、まず**「秘密情報」を定義**する必要があります。それは大きく2つのやり方があり、第1は〈例文〉の一項のように**開示時に秘密である旨の表示がされているものに限定する方法**、第2に**「本契約の締結及び履行に関連して開示され又は知り得た相手方の技術上又は営業上の一切の情報」とする方法**です。

　秘密の範囲は第2の方法が広くなりますが、守る必要のない情報まで秘密情報となるので、全体的に管理が甘くなる難点があります。

　筆者は、第1の方法が好ましいと考えながらも、依頼者の取引先担当者の質に不安があり、本来秘密とすべき情報の開示時に秘密である旨の表示を怠りそうな場合は第2の方法を勧めています。

　また、〈例文〉の1項の後半に箇条書きにしたような内容（以前から知っていたことや公知の情報など）は秘密情報にあたらないものとして**例外事由の列記**をすることも"契約書の作法"です。

　なお、当事者間で秘密とした情報も、行政や裁判所の命令等による場合は開示することが許されないと困ります。そこで〈例文〉の3項のように**公権力から求められた場合の開示の正当化の規定**を設けるのが通例です。

---

column **「秘密」か「機密」か**

　「秘密」ではなく「機密」という言葉を使うこともあります。「秘密」や「機密」の定義が法律上あるわけではありません。日本語としては、「機密」は「秘密」の中でも重要性が高いものを指すようですが、その範囲は曖昧です。契約書において、その定義を明確にする以上、「秘密」なのか「機密」なのかにこだわる必要はありません。

1．甲及び乙は、本件委託業務に関して知り得た相手方の技術上・営業上・経営上の一切の情報であって、相手方から文書等で開示されたものについては**開示時に秘密である旨の表示**が施されたもの、口頭又は視覚による開示の場合は開示者により開示時に秘密情報である旨告知され、かつ開示後３０日以内に書面で当該情報が秘密である旨を明示した文書が交付されたものを、自らが有する営業秘密（不正競争防止法第２条第６項に規定するものをいう）と同程度の秘密管理の程度により秘密として管理するものとする。但し、**次の各号に該当するものは秘密情報にあたらないもの**とする。

（1）相手方から知得する以前に既に所有していたもの。

（2）相手方から知得する以前に既に公知のもの。

（3）相手方から知得した後に、自己の責に帰し得ない理由により公知となったもの。

（4）正当な権限を有する第三者から秘密保持の義務を伴わずに適法に知得したもの。

（5）相手方の秘密情報を使用することなく自ら開発若しくは取得したもの。

2．甲及び乙は、事前に相手方の書面による同意を得た場合を除き、秘密情報を第三者に漏洩し又は開示してはならず、また、委託業務以外の用途に使用してはならない。

3．前項の定めにかかわらず、甲または乙は、**法令、政府機関または司法機関の命令により開示が要求**された秘密情報を、その要求された目的及び必要の範囲に限り開示することができる。ただし、緊急若しくはやむを得ない場合を除き、その開示に先立って相手方に対して通知し秘密情報の防護のために必要な処置を行う機会を与えなければならない。

個人情報

御行から委託を受けて3月に発送した退職金キャンペーンのDMの送付先情報を、当社の社員が漏洩したようです。誠に申し訳ございません。

「漏洩」って、どういうことですか？
事情を説明してください。

当社社員が退職金キャンペーンのDMの送付先情報が格納されたノートパソコンを紛失したそうです。

3月にDMを送付した後に、契約に従って個人情報のデータは返却してもらいましょね。

はい、オリジナルのデータは返却しました。
しかし、社員が作業用として複製していました。

当行の許可のない複製は契約違反です。大問題になりますよ！　金融庁にも報告しなければいけません。たぶんマスコミにも報じられて大変なことになるでしょう。もう御社には発注しません。損害賠償も請求します。

秘密情報と別条文にしたほうがわかりやすい

　個人情報の保護は、92ページで解説した**秘密情報とあわせて同一の条項で規定する場合**と、〈例文〉のように、**秘密情報とは別に個人情報だけで1条設ける場合**とがあります。

　ただ、以下のような理由から、個人情報と秘密情報は**別条文としたほうがわかりやすい**と思います。

- 個人情報と秘密情報とでは定義が大きく異なるから
- 秘密情報の場合、守秘義務の期間は契約終了後3年程度とすることが多い一方、個人情報は期間無制限で保護されるべきだから

　個人情報の複製、改変については、情報提供者側から**必ず承諾を要す場合**と、それだと手続きが面倒なので、**"本契約の目的の範囲を超える"複製、改変の場合のみ承諾が必要とする場合**の2通りがあります。前者であれば、〈例文〉2項の（本契約の目的の範囲を超える）は入れないようにしてください。

〈例文〉

> 1　乙は、本件業務の遂行に際して甲より取扱いを委託された個人情報（個人情報の保護に関する法律に定める個人情報をいう。以下本条において同じ。）を適切に管理し、他に漏えいし又は公開してはならない。
> 2　乙は、個人情報について、本契約の目的の範囲内でのみ使用し、**（本契約の目的の範囲を超える）複製、改変が必要なとき**は、事前に甲から書面による承諾を受けるものとする。

反社条項

青果会社

〇〇スーパーと新規の取引を行うことになり、当社の取引基本契約書を提示したところ、「反社条項を入れてくれ」と言われました。入れないといけませんか？

弁護士

法務省の「企業が反社会的勢力による被害を防止するための指針」で契約書に反社条項を入れることが求められており、御社の所在地である東京都の条例では「事業者の努力義務」としています。指針や努力義務なので強制力はありませんが、企業が法令遵守の姿勢を示す意味でも対応すべきです。

青果会社

でも、当社も〇〇スーパーも反社勢力とは無関係なのは、お互いよく知っていますよ。だって、そもそも私と〇〇スーパーの社長が高校の同級生ですから。

弁護士

確かに今はそうですが、今後、反社勢力が忍び込んでくる可能性もゼロではありません。

見抜くのが容易ではないからこそ対策が必要

反社会勢力（略して「反社」）とは、その定義が法律上あるわけではありませんが、政府が平成19(2007)年6月に公表した「企業が反社会的勢力による被害を防止するための指針」に従い、暴力団、暴力団関係企業、総会屋、社会運動標ぼうゴロ、政治活動標ぼうゴロ、特殊知能暴力集団等といった**属性要件**に着目するとともに、暴力的な要求行為、法的な責任を超えた不当な要求といった**行為要件**にも着目し判断します。

また、暴力団という組織のみでなく、暴力団員、暴力団準構成員、共生者および密接関係者も反社会勢力として捉えられます。

社会からの企業に対する暴力団排除の要請は強く、暴力団と関係を持つことは絶対に避けなければなりません。しかしながら、巧妙に事業者のふりをして接近してくる暴力団やその関係者を見抜くことは容易ではありません。

そこで、あらかじめ反社会勢力を排除する条項を盛り込んでおくことにより、**万が一、契約相手が反社会勢力であると判明した場合に、即刻無条件に契約を解除できるようにしておきます。**

経営者の中には、「お互いに素性が知れている企業同士であれば、反社リスクはないのだから、反社条項は不要」と考える方も多いと思います。

しかし、反社条項は、各都道府県の暴排条例で努力義務として求めています。さらに、取引相手が今現在は反社ではなくても、将

来、反社勢力が忍び込んで関係先となる可能性もあります。

さらに、契約書に反社条項を入れることは、コンプライアンスを強化していることを示す意味もあります。

〈例文〉

1　甲及び乙は、それぞれ相手方に対して、**次の各号の事項を確約する。**
　(1)　自ら若しくはその子会社が、暴力団、暴力団関係企業、総会屋若しくはこれらに準ずる者又はその構成員（以下、併せて「反社会的勢力」という。）ではないこと
　(2)　自ら若しくは子会社の役員（業務を執行する社員、取締役、執行役又はこれらに準ずる者をいう。）が反社会的勢力ではないこと
　(3)　反社会的勢力に自己の名義を利用させ、本契約を締結するものでないこと
　(4)　本契約が終了するまでの間に、自ら又は第三者を利用して、本契約に関して次の行為をしないこと
　　ア　相手方に対する脅迫的な言動又は暴力を用いる行為
　　イ　偽計又は威力を用いて相手方の業務を妨害し、又は信用を毀損する行為
　(5)　反社会的勢力が経営に実質的に関与していないこと
　(6)　反社会的勢力に対して資金の提供等の利益の供与、又は便宜を供与するなどの関与をしていないこと
2　甲又は乙の一方について、次のいずれかに該当した場合には、その相手方は、何らの催告を要せずして、本契約を解除することができる。
　(1)　前項第1号又は第2号の確約に反する申告をしたことが判明した場合
　(2)　前項第3号の確約に反し本契約を締結したことが判明した場合
　(3)　前項第4号の確約に反した行為をした場合
　(4)　前項第5号又は第6号の確約に反する事実が判明した場合
3　前項の規定により本契約が解除された場合には、解除された者は、解除により生じる損害について、その相手方に対し一切の請求を行わない。

契約相手が「反社勢力かも……」と思ったら

　契約相手が反社勢力であれば、早く縁を切るべきです。これから契約をする場合は契約をしなければよいだけですが、継続的な取引をしている相手について「反社勢力なのかな？」と思っても、相手には怖くて確認できません。

　また、契約書の反社条項で解除をするためには、反社勢力であることについて、ある程度、蓋然性（物事が起こる確実性の度合い）が高くなければ解除通知を送ることができません。

　このような場合は、**暴力追放運動推進センター（暴追センター）や警察に相談をしましょう。**

　暴追センターは、「暴力団員による不当な行為の防止等に関する法律」に基づいて指定される組織です。全国レベルの組織として

https://www.zenboutsui.jp/index.html

「全国暴力追放運動推進センター」が存在し、そのほか、各都道府県に暴追センターが存在します。

　また、警察へ問い合わせて情報提供を依頼することも考えられます。東京であれば警視庁、その他の地域であれば道府県警本部に暴力団対策課があります。

権利義務の譲渡の禁止

この度、〇〇青果から貴社に対する売掛金の譲渡を受けました。支払期限は来月末ですが、つべこべ言わずに明日までに支払ってください。

いや、当社にも資金繰りの都合がありますから、来月末でないと支払えません。

あなたは、当社が〇〇組と関係があることは知らないのですか？

そ、そうなんですか？

明日までに支払っていただけないのであれば、当社が貴社の債権者であることをSNSで流しますよ！　その噂が広まったら、買い物客、減りますよ！　仕入先からも取引謝絶される可能性ありますよ！

それは困ります！
でも、これ脅しですよ。警察に通報します。

あなた、お子さん、上の子が〇〇中学で、下の子が〇〇小学校だよね。

「契約上の地位」は移転させることができる

　契約により、一方当事者が債権を得て、もう一方が債務を負います。売買契約であれば、売主が代金債権を得て物を引き渡す債務を負い、買主が物の引き渡しを受ける債権を得て代金支払債務を負います。契約によって得られる地位（権利義務）を**契約上の地位**といいます。

■「契約上の地位」の例

> **売主** → 代金債権を得て物を引き渡す義務を負っている地位
> **買主** → 物の引渡しを受ける債権を得て代金支払債務を負っている地位

　売主も買主も、この契約上の地位を、相手方の承諾があれば、第三者に移転することができます。

　また、売主の物を引き渡す債務、買主の代金を支払う債務のみを、相手方の承諾があれば第三者に譲渡することができます。これを**債務引受**といいます。

　さらに、特に契約の定めがなければ相手方の承諾を得なくても、売主は売買代金債権を第三者に譲渡することができますし、買主は物の引渡しを受ける権利を第三者に譲渡することができます。これを**債権譲渡**といいます。

■契約上の地位の移転、債権譲渡、債務引受の関係

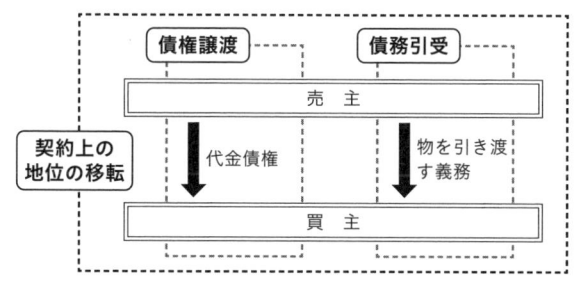

「債権譲渡禁止特約」は必ず定める

民法上、債権譲渡には相手方の承諾は必要ありません。しかし、債権者に債権を反社勢力に譲渡されては困ります。

そこで、**債権譲渡を契約で禁じる必要性**があります。

もっとも、令和2（2020）年の民法改正で左下の条文が制定されました。具体的には、**譲渡制限の意思表示をしたとしても債権の譲渡は、その効力を妨げられない**としたうえで（2項）、3項および4

第466条（債権の譲渡性）

1 債権は、譲り渡すことができる。ただし、その性質がこれを許さないときは、この限りでない。

2 当事者が債権の譲渡を禁止し、又は制限する旨の意思表示（以下「譲渡制限の意思表示」という。）をしたときであっても、**債権の譲渡は、その効力を妨げられない。**

3 前項に規定する場合には、**譲渡制限の意思表示**がされたことを知り、又は重大な過失によって知らなかった譲受人その他の第三者に対しては、**債務者は、その債務の履行を拒むことができ、かつ、譲渡人に対する弁済その他の債務を消滅させる事由をもってその第三者に対抗する**ことができる。

4 前項の規定は、債務者が債務を履行しない場合において、同項に規定する**第三者が相当の期間を定めて譲渡人への履行の催告をし、その期間内に履行がないときは、その債務者については、適用しない。**

譲受人に譲渡制限特約について悪意や重過失がある場合には、債務者は譲受人からの履行の請求を拒んだり、譲渡人に弁済することができる（3項）

悪意・重過失の譲受人は相当の期間を定めて「譲渡禁止特約を理由とするなら、譲渡人へ履行してくれ」といい、それを伝えたのに債務者が履行しない場合には「それなら私が弁済を受ける権利をもらう」と言って、**債務者に履行の請求をすることができる**（4項）

項で**譲渡制限の意思表示をした場合の特別ルールを規定**しました。この特別ルールは難しい仕組みですが、概略は前ページの吹き出しのとおりです。

　このように民法改正によって、契約書上に「債権譲渡禁止特約」があっても債権譲渡は有効となりましたが、悪意・重過失の譲受人に対しては一定の効果がありますし（3項）、債務者としては債権譲渡後も譲渡人に弁済をすれば免責されます。

　債権者が反社勢力にすり替わってしまうと困るので、民法改正後においても契約書で「債権譲渡を禁じる意味」はあります。契約書に「債権譲渡禁止特約」は定めるべきです。

〈例文〉

> 甲及び乙は、互いに**相手方の事前の書面による同意**なくして、**本契約上の地位を第三者に承継**させ、又は本契約から生じる権利義務の全部若しくは一部を第三者に譲渡し、引き受けさせ若しくは担保に供してはならない。

契約上の地位の移転には「相手方の承諾」が必要

　契約上の地位の移転については従前、民法に規定がありませんでしたが、令和2（2020）年改正で、**契約上の地位の移転に関する条文（539条の2）が追加**され、**相手方の承諾が必要**であることが明文化されました。
　〈例文〉では1〜3行目において、その旨を明確に記載しています。

債務引受に関する法規制

　債務引受には、既存の債務者はそのままに、新たに債務者が加わる**併存的債務引受**と、既存の債務者が抜け新たな債務者だけが債務者となる**免責的債務引受**があります。

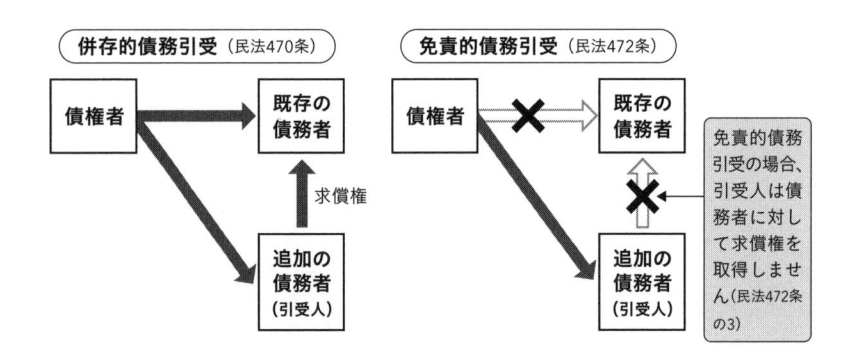

　併存的債務引受は**債権者と引受人となる者との契約**によってすることができます（民法470条2項）。

　債務者が増えるだけで既存の債務者に不利益はないように見えますが、そうではありません。新たに加わった債務者（引受人）が債権者に弁済をすると、新たな債務者は、その金額を既存の債務者に支払えと請求できます（これを「**求償**」といいます）。

　つまり、**既存の債務者から見れば、債権者が既存の債権者から債務引受人にすり替わってしまう**ため、もし債務引受人が反社勢力であれば既存の債務者は困ってしまいます。

　前ページ〈例文〉5行目では第三者が引き受けることを禁じています。

契約の変更

建設会社　○○ビルの新築工事が完成しましたので、請負代金1億2,000万円をお支払いください。

施主の社長　請負代金は1億円ですよ！
契約書に1億円と書いてあります。

建設会社　○月○日のメールで「円安による資材高騰が激しく1億円だと赤字になってしまうので、1億2,000万円に変更させてください」と私からメールをし、貴社の担当者である○○さんから「わかりました」と返信をいただいております。

施主の社長　私は1億2,000万円に変更する話など聞いていません。○○は担当者に過ぎず、何の権限もありません。○○が「わかりました」と言ったとしても、それは当社の意思表示にはなりません。

建設会社　そう言われてましても……。私は○○さんは社長の了解をもらって「わかりました」と返信をしたものだと思っていました。○○さんが社長に無断で返信したとしても、それは御社側の問題であり、それを理由に変更を認めないのはおかしいでしょ？　ちゃんと払ってください！

施主の社長　契約書の第○条に「書面をもって合意をした場合でないと契約は変更できない」とあります。だから○○のメールの返事だけでは契約金額を変更することはできません！

契約の変更は書面に限るべき

　契約は口頭の合意でも有効です。契約書を作るのは証拠とするためです。したがって、契約書で結んだ契約も、理論的には事後に口頭で変更できてしまいます。

　しかし、それでは契約関係が不安定かつ不明確になり、契約書を作った意味が半減してしまいます。そこで契約の変更は書面をもって行うことを定めるのが本条項です。

〈例文〉

本契約は、甲及び乙の**代表者が記名捺印した書面**をもって合意した場合に限り、その内容を変更することができる。

合意管轄

東京の会社

富良野の別荘地と思って買った土地が、調べたら建物を建てられないことがわかりました。売主の不動産会社に対し、代金の返還を求めて訴訟を提起したいのですが。

弁護士

売主はどこの会社ですか？

東京の会社

富良野の会社です。
ちなみに、これが売買契約書になります。

（売買契約書を見た後）

弁護士

契約書の〇条に専属的合意管轄が旭川地方裁判所と定められています。なので、旭川地裁に訴訟提起しなければなりません。

東京の会社

それを先生にお願いしたいのですが。東京から旭川まで、毎回行っていただくことになるのでしょうか？

弁護士

「最初の期日」と「最後の期日」、あとは「証人尋問」の3回くらい、旭川へ行くことになると思います。それ以外の期日はWEBか電話会議で大丈夫です。

裁判所にも「管轄」がある

　管轄裁判所は、その事件について、取り扱うことができる裁判所のことです。

　裁判管轄は**職分管轄**と**土地管轄**という概念があります。

　また、職分管轄には、訴訟事件を最初に審理する「第一審裁判所」がありますが、そこでは特別に**事物管轄**という基準が作用します。

職分管轄

　職分管轄とは、最高裁判所＞高等裁判所＞地方裁判所／家庭裁判所＞簡易裁判所というタテの関係にある管轄です。

　民事訴訟の第1審の職分管轄は「簡易裁判所」「地方裁判所」のいずれかになります。

事物管轄

　事物管轄は、「第1審裁判所を〈簡易裁判所〉と〈地方裁判所〉のいずれにするのか？」という問題です。

　原則として訴額が140万円以下であれば簡易裁判所、140万円超のときは地方裁判所になります。しかし、当事者が合意をすれば訴額が140万円以下でも、いきなり地方裁判所に提訴できます。

土地管轄

　土地管轄は、「どこの土地の裁判所が管轄を持つのか？」という問題です。

民事訴訟においては、原則は被告の住所が基準となりますが、義務履行地を基準とすることも認められています。

金銭債務は、民法484条で**債権者の住所で弁済しなければならない**旨（これを「持参債務の原則」といいます）が定められているので、**お金を請求する側、すなわち原告の住所も土地管轄の基準**となります。

企業間の訴訟の大半は金銭の支払いを求める訴訟ですから、**管轄に関する合意がなければ、原告の住所地の管轄の裁判所でも、被告の住所地の管轄の裁判所でも訴訟提起できることになります。**

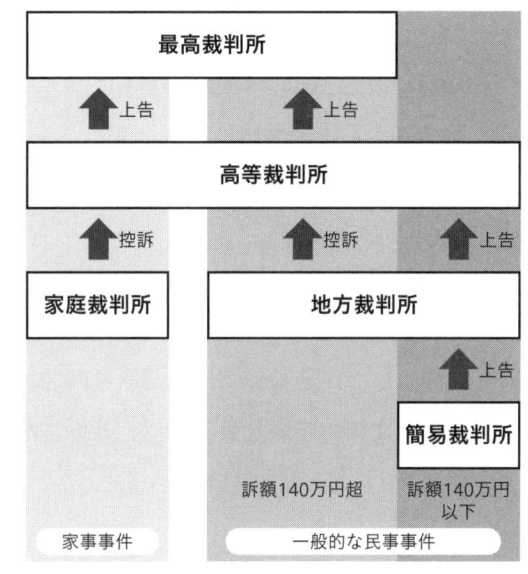

■原則的な職分管轄

最高裁判所

上告　上告

高等裁判所

控訴　控訴　上告

家庭裁判所　地方裁判所

上告

簡易裁判所

訴額140万円超　訴額140万円以下

家事事件　一般的な民事事件

出向く回数を抑えたい場合は弁護士に訴訟を委任する

距離が離れている当事者間で訴訟となった場合、片方の当事者からすれば必ず遠方の裁判所で訴訟が続くこととなります。

その場合、毎度、遠方の裁判所に出向く必要があるかというと、弁護士に訴訟を委任した場合はそうではありません。

代理人として弁護士が付いた場合は、以下については裁判所に出

向く必要がありますが、その他の期日はWEB会議の形式で進めるのが通例です。

(1) 最初の期日（被告は欠席が許される）

(2) 判決前の最後の期日

(3) 証人尋問を行う場合の証人尋問期日

　最近は原告・被告双方に弁護士が付いた場合、最初の期日もWEB会議の形式にすることも多いです。

　したがって、遠方の裁判所に訴訟係属（審判中）となる場合であっても、**弁護士に訴訟委任をすれば、弁護士が遠方の裁判所に出廷するのは原則、1～3回くらい**です。

あらかじめ管轄に関する合意内容を入れておく

　裁判のために遠方に行くことは時間とお金を要しますから、距離が離れている当事者間で取引をし、万が一裁判となった場合は、自分の住所地を管轄する裁判所にのみ訴訟提起できるようにしたいと考えるのは当然です。また、現在は取引相手が近くの企業であっても、将来、遠くに移転するリスクがあります。

　そこで、契約書には、**取引当事者間で立場上、力の強いほうの当事者の住所地を「専属的管轄」とする合意を入れるのが一般的**です。

　専属的合意管轄とは、**その合意をした裁判所にしか管轄がない**という意味です。

　それに対して**付加的合意管轄**という概念もあります。これは**法定**

の管轄裁判所に加え、合意した裁判所も管轄裁判所に加える**ことをいうものです。

　契約書には〈例文1、2〉のような**合意管轄条項**を入れるのが一般的です。単に「〇〇地方裁判所を第一審の合意管轄裁判所とする。」だと、専属的合意か付加的合意か曖昧なので、**「専属的」の3文字を忘れないようにしてください。**

　〈例文1〉は**地方裁判所が第1審の専属的合意管轄**なので、**訴額が140万円以下の場合も地方裁判所にしか訴訟提起できません。**これは土地管轄と事物管轄双方を合意しているからです。

　一方、〈例文2〉は**土地管轄のみを合意**しています。
　ちなみに、地方裁判所と簡易裁判所とでは、裁判官のキャリアが異なるので、**弁護士は一般的に簡易裁判所での裁判を好まない傾向**にあります。一方、**本人訴訟の場合は、地方裁判所よりも簡易裁判所のほうがやりやすい**面があります。

　この点を踏まえて、〈例文1〉か〈例文2〉かを選択してください。

この内容も知っておくと心強い！

なくてもよいが入れるのが一般的な「協議条項」

契約書には協議条項を入れるのが一般的です。

定めのない事項や疑義が生じた事項について「協議をするのは当たり前」といえます。

この条項は、協議を「信義誠実の原則に従い」行うことに意味があります。一方当事者が優越的地位にあることをよいことに、自分に都合がよいことをゴリ押ししたら、本条項違反となります。

もっとも、本条項違反の明確な効果があるわけではありません。努力義務、ないし精神論と思ってください。

〈例文〉

本契約及び個別契約に定めのない事項又は疑義が生じた事項については、信義誠実の原則に従い甲乙協議し、円満に解決を図るものとする。

第 4 章

こんなときも
契約書面が
求められる！

〜下請法とフリーランス法
を押さえよう〜

元請・下請関係の契約や、フリーランスの業務委託契約の場合は、契約書面に記載しなければならない内容があります。該当する方はしっかり押さえましょう。

下請法と契約書

公正取引委員会　貴社は〇〇株式会社にプログラミングを委託しましたね。契約書はありますか？

システム開発会社　契約書はありませんが、発注書と請書はあります。

公正取引委員会　その発注書・請書には代金の支払期日が書いてありませんね。ほかに代金の支払期日が書いた書面を渡していますか？

システム開発会社　特に、書面では渡していませんが、納品の翌月末支払いと口頭で約束をしています。

公正取引委員会　書面がないのであれば、下請法3条の書面交付義務違反です。

下請関係かつ元請が一定規模以上に適用される

　下請法は正式には「下請代金支払遅延等防止法」といい、親事業者の下請事業者に対する取引を公正ならしめるとともに、下請事業者の利益を保護することを目的とする法律です。

　平たく言えば**弱い者いじめのような取引を禁止**する法律ですが、すべての下請取引に適用されるものではありません。**取引の種類および発注者と受注者の資本金の大小関係で適用有無が決まります。**

■下請法の対象取引

取引の種類	発注者	受注者
・**物品の製造委託** ・**修理委託** ・**情報成果物委託**（プログラムの作成に限る） ・**役務提供委託**（運送、物品の倉庫における保管及び情報処理に限る）	資本金3億円超の法人事業者	資本金3億円以下の法人事業者（又は個人事業者）
	資本金1,000万円超3億円以下の法人事業者	資本金1,000万円以下の法人事業者（又は個人事業者）
・**情報成果物委託**（プログラムの作成を除く） ・**役務提供委託**（運送、物品の倉庫における保管及び情報処理を除く）	資本金5,000万円超の法人事業者	資本金5,000万円以下の法人事業者（又は個人事業者）
	資本金1,000万円超5,000万円以下の法人事業者	資本金1,000万円以下の**法人事業者（又は個人事業者）**

　ただし、上表のような関係にあっても、**元請・下請関係にない場合は適用されません。**例えば、小売業者が自社のホームページの作成をシステム開発会社に委託したとしても、元請・下請関係にないので下請法は適用されません。

　なお、下請法では元請・下請関係の条件に該当する発注者を**親事業者**、受注者を**下請事業者**と呼びます。

義務と禁止事項を押さえよう

義務

　下請法では以下の義務が定められています。

①3条書面の交付義務	親事業者が下請事業者に対して発注する際は下請法の第3条に基づいた書面を交付しなければなりません（次ページで別途解説）。
②5条書面の作成・保存義務	親事業者は、下請事業者の給付、給付の受領（役務提供委託の場合：下請事業者がした役務を提供する行為の実施）、下請代金の支払いその他の事項について書面に記載するか電子的方式により記載し、それを2年間保存しなければなりません。
③下請代金の支払期日を定める義務	受領日とは、下請事業者から物品等または情報成果物を受領した日を指し、役務提供委託の場合は、下請事業者が役務を提供した日を指します。 親事業者は、親事業者が下請事業者の給付の内容について検査をするかどうかを問わず、受領日から起算して60日以内のできる限り短い期間内で、下請代金の支払期日を定める義務があります。
④遅延利息の支払義務	親事業者は、下請代金をその支払期日までに支払わなかったときは、下請事業者に対し、受領日から起算して60日を経過した日から実際に支払をする日までの期間について、その日数に応じ、その未払金額に年率14.6%を乗じた額の遅延利息を支払う義務があります。

禁止事項

　親事業者には次ページ上表のとおり、11項目の禁止事項が定められています。

■ 親事業者の禁止事項

①受領拒否の禁止
②下請代金の支払遅延の禁止
③下請代金の減額の禁止
④返品の禁止
⑤買いたたきの禁止
⑥購入・利用強制の禁止
⑦報復措置の禁止
⑧有償支給原材料等の対価の早期決済の禁止
⑨割引困難な手形の交付の禁止
⑩不当な経済上の利益の提供要請の禁止
⑪不当な給付内容の変更及び不当なやり直しの禁止

契約事務において極めて重要な「3条書面」

　親事業者は**発注に際し**、下記の**具体的記載事項**を記載している<u>3条書面</u>を<u>直ちに</u>下請事業者に交付する義務があります。

■ 3条書面に記載すべき具体的事項

①**親事業者及び下請事業者の名称**（番号、記号等による記載も可）
②**製造委託、修理委託、情報成果物作成委託又は役務提供委託をした日**
③**下請事業者の給付の内容**（委託の内容がわかるよう、明確に記載する）
④**下請事業者の給付を受領する期日**（役務提供委託の場合は、役務が提供される期日又は期間）
⑤**下請事業者の給付を受領する場所**
⑥**下請事業者の給付の内容について検査をする場合は、検査を完了する期日**
⑦**下請代金の額**（具体的な金額を記載する必要があるが、算定方法による記載も可）
⑧**下請代金の支払期日**
⑨**手形を交付する場合は、手形の金額**（支払比率でも可）**及び手形の満期**
⑩**一括決済方式で支払う場合は、金融機関名、貸付け又は支払可能額、親事業者が下請代金債権相当額又は下請代金債務相当額を金融機関へ支払う期日**
⑪**電子記録債権で支払う場合は、電子記録債権の額及び電子記録債権の満期日**
⑫**原材料等を有償支給する場合は、品名、数量、対価、引渡しの期日、決済期日、決済方法**

この義務が契約書との関係で極めて重要！

この３条書面については、特に**様式の制約はない**ため、個々の取引の実情に即して作成して問題ありません。

　「３条書面」というタイトルの書面が必要なのではなく、契約書や発注書に必要事項が記載されていれば問題はありません。契約書や発注書に記載がない項目のみ別書面を交付する形式でもかまいません。

　また、同一の下請事業者に繰り返し発注を行う場合、毎回同じ内容の事項についてまで、記載を繰り返すのは面倒です。

　そこで、必要記載事項のうち、すべての発注において共通である事項（支払方法、検査期間等）については、あらかじめこれらの事項を明確に記載した書面で下請事業者に通知しておけば、契約のつど交付する個々の３条書面に、これらの事項を具体的に記載する必要はありません。

　つまり、**共通事項**（支払方法、検査期間等）**は「取引基本契約書」で定め、その他の項目のみを発注のつど、発注書その他の書面に記載し、それを交付することで問題はありません。**

　なお、**書面の交付に代えて、下請事業者の承諾を得て、電子メールで通知することもできます。**

フリーランス法と契約書面

公正取引委員会

貴社は○○さんという大工さんの社会保険料を支払っていませんね。

工務店

はい、業務委託契約ですから。

公正取引委員会

業務委託契約書は交わしていますか？

工務店

いえ、契約書は交わしていませんが、メールで条件を明示しています。

公正取引委員会

では、そのメールを見せてください。

工務店

はい、これです。（スマホを差し出す）

公正取引委員会

報酬の金額は書いてありますが、支払期日が書いてありませんね。新しくできた「特定受託事業者に係る取引の適正化等に関する法律」違反です！

2024年11月に施行されたフリーランス法

令和6（2024）年11月1日から「特定受託事業者に係る取引の適正化等に関する法律」（以下、**フリーランス法**といいます）が施行されました。

この法律は、フリーランスの方が安心して働ける環境を整備するため、①フリーランスと企業などの発注事業者の間の**取引の適正化**と、②フリーランスの**就業環境の整備**を図ることを目的としています。

企業と雇用契約を締結している場合は、正社員はもちろん、いわゆる非正規の場合も労働法で保護されるのに対し、フリーランスを保護する法制は整備されていなかったので立法化されたものです。

フリーランス法の適用対象

保護の対象となるフリーランス

フリーランス法で保護対象となるのは、以下Ⓐ Ⓑのいずれかです。この保護対象者を同法では**特定受託事業者**と呼びます。

■以下のいずれかに該当すれば「特定受託事業者」

> Ⓐ**個人で、従業員（※）を使用しない事業者**
> Ⓑ**法人で、一人の代表者以外に役員がおらず、かつ、従業員（※）を使用しない事業者**
>
> ※ここでいう従業員とは、週の所定労働時間が20時間以上、かつ勤務開始時から31日以上の雇用が見込まれる者を指します。

規制の対象となる事業者

　規制対象の事業者は以下の2種類があります。

①業務委託事業者

　前述したフリーランス（特定受託事業者）に業務委託をする事業者をいいます。つまり、**フリーランスに業務を委託する事業者は、すべてフリーランス法の規制対象**となります。

②特定業務委託事業者

　以下の㋐㋑のいずれかとなります。つまり、**事業を2人以上で営んでいる事業者**です。①業務委託事業者よりも規制対象が広いです。

■以下のいずれかに該当すれば「特定業務委託事業者」

> ㋐個人であって、従業員を使用するもの
> ㋑法人であって、二人以上の役員がおり、又は従業員を使用するもの

フリーランス法の対象業務

　以下の業務委託が対象となります。委託の法的態様は、請負、委任、準委任などの形態を問いません。

物品の製造・加工の委託	物品とは**動産**をいい、不動産を含みません。完成品のみならず、**半製品、部品等を含みます。**
情報成果物の作成委託	情報成果物とは、**プログラム、映画、放送番組その他影像又は音声その他の音響により構成されるもの**、**文字、図形若しくは記号若しくはこれらの結合又はこれらと色彩との結合により構成されるもの**（例えば、設計図、商品や広告のデザイン、コンサルティングレポート）、をいいます。
役務提供委託	役務の提供とは、いわゆる**サービス全般についての労務または便益を提供**することをいいます。運送、コンサル、営業、演奏などのサービス提供が広く含まれます。**下請法の「修理委託」**もフリーランス法の役務提供委託に含まれます。

下請法の取引類型に類似していますが、**元請・下請の関係ではない委託も含まれる点が大きな違い**です。

　いずれにしても**「事業者」からの委託を対象**としますので、消費者からの委託や、そもそも委託を受けていない場合はフリーランス法の対象外です。

■例：フリーランスとして働くカメラマンの場合

出典：内閣官房「フリーランスの取引に関する新しい法律が11月にスタート！」

下請法との適用対象の違い

　受託者が個人のフリーランスの場合の、下請法とフリーランス法の適用関係を大まかに示すと以下のとおりです。

発注者の資本金	下請取引か否か(注)	下請法	フリーランス法
1,000万円超	下請取引	○	○
	下請取引ではない	×	○
1,000万円以下	下請取引	×	○
	下請取引ではない	×	○

※下請取引でない場合とは、例えば、発注者のHPを作成する、発注者の商品の広告物を作る、発注者が販売する物品を作る等が挙げられます。

義務と禁止事項

　発注者側の態様によって義務と禁止事項が異なりますが、**発注者側が事業者であれば、その態様を問わず、「書面等による取引条件の明示」が発注者に課せられている**ことに注意してください。

■発注者側の態様と義務等との関係

規制項目		具体的な内容	業務委託事業者		
				特定業務委託事業者	
					一定期間以上
取引の適正化	書面等による取引条件の明示	業務委託をした場合、書面等により、直ちに、124、125ページの取引条件を明示すること	○		
	報酬支払期日の設定・期日内の支払	発注した物品等を受け取った日から数えて60日以内のできる限り早い日に報酬支払期日を設定し、期日内に報酬を支払うこと	―	○	
	禁止行為	フリーランスに対し、1ヶ月以上の業務委託をした場合、次の7つの行為をしてはならないこと ●受領拒否、●報酬の減額、●返品、●買いたたき、●購入・利用強制、●不当な経済上の利益の提供要請、●不当な給付内容の変更・やり直し	―	―	○
就業環境の整備	募集情報の的確表示	広告などにフリーランスの募集に関する情報を掲載する際に、 ・虚偽の表示や誤解を与える表示をしてはならないこと ・内容を正確かつ最新のものに保たなければならないこと	―	○	
	育児介護等と業務の両立に対する配慮	6ヶ月以上の業務委託について、フリーランスが育児や介護などと業務を両立できるよう、フリーランスの申出に応じて必要な配慮をしなければならないこと	―	―	○
	ハラスメント対策に係る体制整備	フリーランスに対するハラスメント行為に関し、次の措置を講じること ①ハラスメントを行ってはならない旨の方針の明確化、方針の周知・啓発、②相談や苦情に応じ、適切に対応するために必要な体制の整備、③ハラスメントへの事後の迅速かつ適切な対応 など	―	○	
	中途解除等の事前予告・理由開示	6ヶ月以上の業務委託を中途解除したり、更新しないこととしたりする場合は、 ・原則として30日前までに予告しなければならないこと ・予告の日から解除日までにフリーランスから理由の開示の請求があった場合には理由の開示を行わなければならないこと	―	―	○

※下請法の規制は取引の適正化に関するものですが、フリーランス法は、**フリーランスが労働法の保護を受けないことを補う面もあるので、就業環境の整備についても規制をしています。**

書面等による取引の明示（3条通知）

　本書は契約書に関する解説本ですので、以下、契約書と関わりが深い、「書面等による取引の明示」について詳説します。

　なお、この「書面等による取引の明示」は、フリーランス法の3条に規定されているので**3条通知**と呼ばれています。

■ 明示が必要な項目

項　　目	明示内容
発注者の名称等	法人の登記された名称（商号）や個人の本名に限らず、互いに識別可能な番号・記号等でもよい。通称、ハンドルネーム等でもよい。
フリーランスの名称等	
委託日	業務委託をすることに**合意をした日**。
給付内容	成果物や役務についての**注文内容。その品目、品種、数量、規格、仕様等を明確に記載**する。
給付の受領、役務の提供を受ける期日	一定期間サービスの提供を受ける場合は、その**期間**。
給付の受領、役務の提供を受ける場所	メールで給付を受ける場合はメールアドレスを記載する。商品のサポートサービス業務など給付を受領する場所の特定が不可能な委託内容の場合は場所の明示は不要。
検査完了日	検査をする場合は、**検査完了日も明示**が必要（「納品後〇日以内」等の記載で可）。
報酬の額	**具体的な金額を明示**。具体的な金額を明示することが困難なやむを得ない事情がある場合は**算定方法を明示**する。①委託された業務の遂行にかかる**経費**、②知的財産権の譲渡・許諾についての**対価**、③**消費税**についても明示する。

報酬の支払期日	具体的な日が特定できる形で明示する。発注者が特定業務委託事業者の場合は以下の規制を受ける。 **【原則】** 給付の**受領日から60日以内**（詳細後述） **支払期日を明示していない場合は、給付の受領日が**支払期日となる（即日払い） **【再委託の場合】** 元委託者から特定業務委託事業者への**支払期日を起算日として30日以内のできるだけ短い期間内。** ただし委託する段階で前もって以下を明示することが必要。 ①**再委託の業務であること** ②**元委託者の商号等、元委託者を特定できる情報** ③**元委託者からの支払期日**
報酬の支払方法に関する必要事項	現金以外の方法で支払う場合は一定の明示が必要。 ①手形：手形の金額・満期 ②債権譲渡担保方式・ファクタリング方式・併存的債務引受方式による支払等：金融機関の名称、支払額、金融機関への支払期日 ③電子記録債権：債権の額、支払期日 ④デジタル払い：資金移動業者の名称、資金移動する額

3条通知と契約書の関係

　3条通知は必要事項が記載されていれば、発注書や契約書などの形式は問いません。メールやSNSなどの電磁的方法でもかまいません。

　ただし、**受信者を特定して送信できるものに限られます。**ブログ

やWEBページ等への書込みのように広く情報を伝達するための手段への書込みでは3条通知となりません。

下請法の「3条書面」は、電磁的方法で送る場合は下請事業者の承諾が必要ですが、フリーランス法の「3条通知」にはそのような要件はありません。

ただし、フリーランスから紙による対応を求められた場合は、発注者は対応をしないといけません。

また、同一のフリーランスに繰り返し発注を行う場合、毎回同じ内容の事項についてまで、明示を繰り返すのは面倒です。

そこで、必要記載事項のうち、すべての発注において共通である事項（支払方法、検査期間等）については、「取引基本契約書」で定め、その他の項目のみを発注のつど、メールで伝える対応で問題ありません。

3条通知のタイミングは「直ちに」

3条通知は、業務委託をした場合「直ちに」通知をしないといけません。「直ちに」は「すぐに」という意味ですから一切の遅れを許しません。突発的な業務の発生により、作業着手を至急行う必要がある場合も作業着手前に3条通知による明示を行います。

報酬の支払期日の設定義務

報酬の支払期日は3条通知に記載しなければいけませんが、さらに特定業務委託事業者（事業を2人以上で営んでいる事業者）については、

発注した物品等を受け取った日から数えて60日以内（受取日を1日目として数える）のできる限り早い日に報酬支払期日を設定し、期日内に報酬を支払うことが義務付けられています。

　この60日の起算点である受取日は、具体的には次のとおりです。

（1）物品の製造・加工の委託

　成果物を受け取る日。受取り前に検査を行う場合は検査の開始日。

（2）情報成果物の作成委託

　USBメモリ、CD-R等媒体で受け取る場合は受取日。メールの場合は発注者が受信し発注者のコンピュータに記録された時。

（3）役務提供委託

ア　原則

　個々のサービスを受ける日。

イ　役務の提供に日数を要する場合

　一連の役務が終了した日。

　ただし、例えばイベントの出演委託で毎日出演するような場合は適用されません。出演する各日が役務の提供を受けた日です。

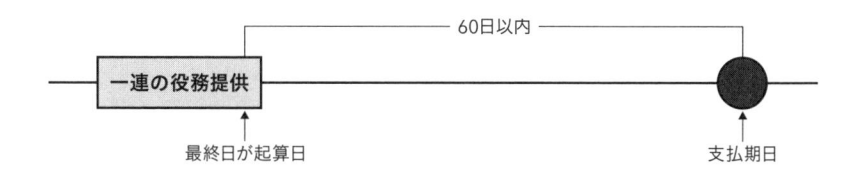

ウ　個々の役務が連続して提供される場合

次の①から③のすべての要件を満たす場合、月単位で設定された締切対象期間の末日に当該役務が提供されたものとして取り扱い、当該日から起算をして60日（2ヶ月）以内に報酬を支払うことが認められます。

■ 以下要件をすべて満たす場合は締切対象期間の末日から60日以内に報酬を支払う

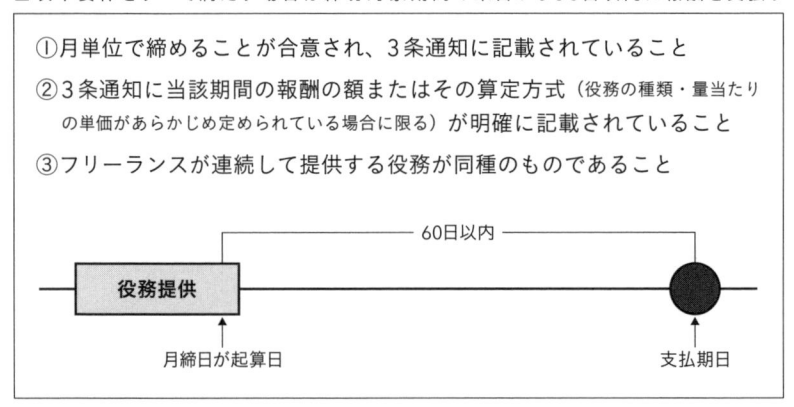

①月単位で締めることが合意され、3条通知に記載されていること
②3条通知に当該期間の報酬の額またはその算定方式（役務の種類・量当たりの単価があらかじめ定められている場合に限る）が明確に記載されていること
③フリーランスが連続して提供する役務が同種のものであること

60日以内

役務提供

月締日が起算日　　　　　　　　　　　　支払期日

エ　成功報酬型の役務提供委託の場合

成果が上がった日。

オ　フリーランスの責めに帰すべき事由でやり直しとなった場合

やり直し後の物品または情報成果物を受領した日。

第 5 章

代表的事例から
ポイントをつかむ
〈前編〉

～不動産（土地・建物）・
商品・金銭・工事～

ここからはトラブルを回避するために知っておきたい「契約書のカバー範囲を広げるポイント」を、よくある事例を取り上げながら解説していきます。

不動産を売りたい、買いたい
～土地建物売買契約書～

境界の明示と測量図の作成　　139ページ3条

 引渡し後、隣のAさんに挨拶に行ったら、「塀が越境しているので正しい境界に作り直してほしい」と言われたのですが、本当に越境しているのですか？

 じつは10年前からAさんとは境界を巡って争いがあったのです。でも、今の塀が正しい境界なので問題ありません。

 でも、Aさんはそれを認めていないのでしょう？
売主さんの責任で何とかしてください。

　土地（土地付き建物を含む）を売買する際、境界の明示をすることは法的な義務ではありません。

　しかし、**隣地所有者の立会を得て、隣地所有者の確認を得た測量図を買主から求められることが多い**です。

　過去に作成した隣地所有者の確認を得た測量図があり、そのとおり境界標もあれば、過去の境界確認時の資料を交付すればよいですが、隣地所有者の確認を得た測量図がない場合、土地家屋調査士に測量と隣地所有者の立会確認を依頼する必要があります。費用は数十万円のことが多いようです。

公簿売買と実測売買　139ページ4条

測量をしたら登記より10㎡狭かったので、その分、安くしてください。

買主さんは現地に行き、現状の広さを見て買っているのですから、実測の結果、登記より狭かったとしても、何も困らないはずです。契約書記載の売買代金は変えられません。

　登記簿と実際の土地面積が相違していることはよくあることです。売買契約後（場合によっては引渡し後）、実際の面積と違うことが判明した場合、代金をどうするのかの問題があります。

　登記簿と実際の土地面積が相違していることが判明しても代金の調整を行わない方式を**公簿売買**、調整を行う場合を**実測売買**といいます。問題を避けたい場合は、あらかじめ前者に対応した契約にする必要があります。

手付金　139ページ5条

家を買う契約を締結しましたが、他にもっといい物件が見つかったので、手付金を放棄して、買主さんとの契約は解除します。

　手付金は売買契約時に買主が売主に支払います。例えば、手付金を500万円と定めた場合、以下のようになります。

買主（手付の放棄）	500万円を放棄すれば契約解除できる
売主（手付の倍返し）	1,000万円を買主に支払えば（500万円を損すれば）契約を解除できる

契約をした以上、相手方の合意がなければ契約を解除することはできませんが、この**手付金の放棄（買主）・倍返し（売主）により、相手方の合意なく解除することはできます。**もっとも、あまりに少額（例えば1万円）の場合は、申込証拠金であって手付金とみなされない場合もあります。

なお、**手付金を「なし」とすることもできます。**手付金を支払わないので買主に有利に一見思えますが、相手方の合意がないと解除できなくなりますので、買主の気が変わっても簡単には解除できなくなってしまう点は注意が必要です。

所有権の移転時期　139ページ7条

買主

代金を支払ったら所有権が移転するのは当たり前なので、契約書第7条の「支払後、所有権は乙に移転」云々という条文は不要なのでは？

仲介業者

民法176条に従うと「売買契約時」に所有権が移転することになります。それでは売主として困るので、所有権移転時期を「代金全額支払時」とする特約として第7条を定める必要があります。

民法176条は「物権の設定及び移転は、当事者の意思表示のみによって、その効力を生ずる。」と定めています。この規定によれば、所有権は**売買契約締結時**に移転することになります。

■お金の支払いと所有権移転時期

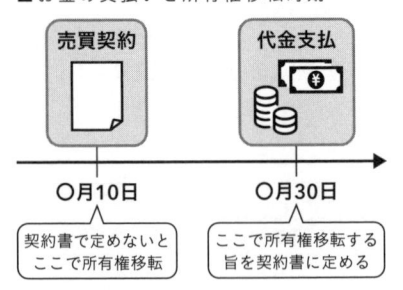

しかし、**不動産売買では、売買契約時は手付金しか支払わないの
が普通**です。代金を支払っていないのに所有権は買主に移転するの
は不公平です。

　そこで、不動産売買においては、所有権の移転時期を**売買代金全
額支払時と定める**のが一般です。

登記・引渡し　140ページ8条、9条

代金を支払ったのに登記が移転しなと困るので、代金は法
務局で、預金小切手で支払います。

そんな前時代的なことを言わないでください。一般に代金
の支払いは振込ですし、登記は電子申請です。

司法書士の先生は法務局へ行かないのですか？

そうです。買主さんの司法書士に必要な書類を渡せば必ず
登記できますので、代金の振込と売主から買主側の司法書
士への書類交付を同時に行えば問題ありません。

同時履行の必要性

　不動産売買は高額の取引ですから、売主が不動産を引き渡したの
に買主が代金を支払ってくれず、夜逃げをしたり倒産したら困りま
す。また、買主としては代金を支払ったのに、売主が不動産を引き
渡してくれないと困ります。そこで、代金の支払いと不動産の引渡
しを同時に行うようにしないと、買主または売主が大きなリスクを
負うこととなります。

　民法上は、**代金の支払いと売買対象物の引渡しは同時に行うのが**

<u>原則</u>です（民法533条）。この点は67ページを参照ください。

　特に不動産取引の場合、<u>**買主**</u>としては、登記と不動産自体の占有、双方の引渡しを受けないと買った意味がないので、代金の引渡しと同時に、(交換条件として) <u>**登記**</u>と<u>**不動産の占有 (鍵)**</u>、双方の引渡しを受けるようにする必要があります。

登記

　代金の支払いと所有権移転登記を同時に行うといっても、買主と売主が一緒に法務局へ行って、そこで代金を渡すことは現実的ではありません。登記は司法書士に委任して行うので、買主側が用意した司法書士に登記に必要な書類を渡すことと引き換えに代金を支払います。

　買主が銀行から融資を受けて買う場合は、<u>**売主、買主、司法書士が融資元銀行に集合**</u>し、以下の手順で行います。

■登記の手順

①所有権移転登記及び抵当権設定登記に必要な書類が揃っていることを司法書士が確認する。
②銀行が融資を実行し融資金を買主の預金口座に入金する
③売買代金を買主の預金口座から売主の口座へ振り込む
④売主は自分の預金口座に売買代金が着金したことを確認する (近年はインターネットバンキングで確認することが多い)。なお、振込から着金までは数十分程度かかることが通例です。
⑤一同解散とする。司法書士は事務所に戻って登記を電子申請する。

占有の引渡し

　上表で述べた「売主、買主、司法書士が集まっている場」で建物の<u>**鍵**</u>を売主から買主に引き渡します。

　あわせて不動産に関連する<u>**書類 (測量図、建築確認申請書、設計図、設備の説明書等)**</u>も売主から買主に引き渡します。

契約不適合責任　140ページ10条

（引渡し2ヶ月後）

買主：この間の台風で雨漏りがしましたので直してください。

売主：売買契約において契約不適合責任免責としたので、こちらに直す義務はないため、買主さんの費用で直してください。

契約不適合責任（令和2〈2020〉年4月に瑕疵担保責任から呼び名が変更）の期間を、**どれくらいの長さとするかを契約で定める**必要があります。契約不適合責任を**免除することも可能**です。

ただし、**売主が宅建業者の場合**は免除することができず、その期間も**2年以上**としないといけません（宅建業法40条）。

なお、**引渡し時に問題があった**（潜んでいた）**場合が契約不適合責任の対象**となります。例えば、引渡しの2ヶ月後に雨漏りが発生したとします。それが引渡し時にすでにあったクラックが原因であれば契約不適合責任の対象ですが、引渡し後に生じたクラックが原因の場合は、契約不適合責任の対象ではありません。

契約不適合責任の効果として、民法上は、次ページ表に示した**追完、代金減額請求、解除、損害賠**

■ 瑕疵の原因と発覚時期の関係

① クラック発生後に引き渡した場合　契約不適合責任　○

② 引渡し後にクラックが発生した場合　契約不適合責任　×

引渡し　雨漏り

償があります。さらに追完の具体的内容として、修補、代替物の引渡し、不足分の引渡しがあります。修補とは「直す」ことと理解してください。

■民法上の契約不適合責任の効果

追完	修補	
	代替物の引渡し	← 不動産取引では想定し難い
	不足分の引渡し	← 同上
代金減額請求		← 不動産取引では排除することも多い
解除		← 同上
損害賠償		← 同上

しかし、**建物は修補すれば当初の目的は達成するので、解除や損害賠償はできない契約条項とする場合も多い**です。

公租公課の分担　140ページ12条

2ヶ月前の3月に買主さんに売った物件の固定資産税の納税通知が届いたので、買主さんのほうで支払ってください。

いや、3月31日に売買代金をお支払いした時、3月31日から12月31日までで日割り計算をした固定資産税相当額を精算金として売主さんに支払っていますよ。

でも、何で所有権移転登記したのに私に固定資産税の納税通知が来るのですか？

固定資産税は毎年1月1日現在の所有者が納税するものですから、売主さんに法的な支払義務があるからです。

　固定資産税は**毎年1月1日現在の所有者**に納税義務が課されます。例えば、甲土地を×年6月30日にAさんからBさんに売却しても、Aさんが×年分の固定資産税全額の納税義務者となります。

　しかし、甲土地の所有権は6月30日にBさんに移転しているので、このままでは不公平です。そこで、6月30日から12月31日ま

での固定資産税に相当する金額を買主（Bさん）から売主（Aさん）へ精算金として支払うのが通例です。

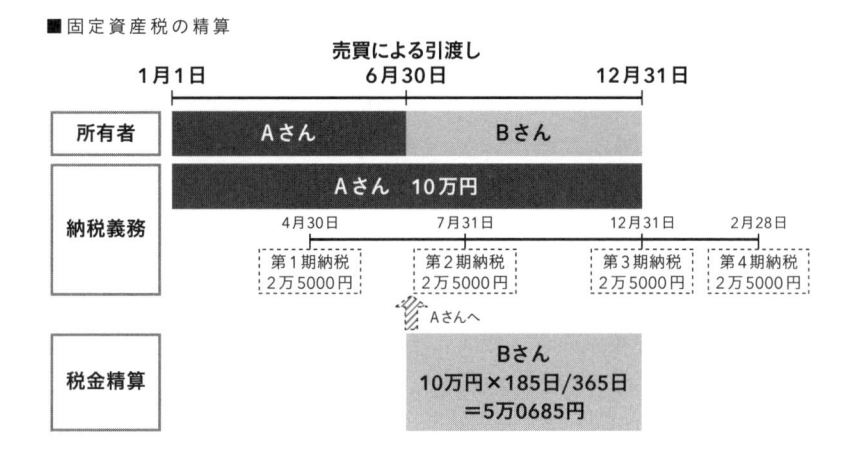

■固定資産税の精算

売買による引渡し

| | 1月1日 | 6月30日 | 12月31日 |

所有者　Aさん　Bさん

納税義務　Aさん　10万円

| 4月30日 | 7月31日 | 12月31日 | 2月28日 |
| 第1期納税 2万5000円 | 第2期納税 2万5000円 | 第3期納税 2万5000円 | 第4期納税 2万5000円 |

Aさんへ

税金精算　Bさん
10万円×185日/365日
＝5万0685円

違約金　141ページ15条

買主

本件物件は売主さんから買った値段の1.2倍の値段で転売する契約を締結していたのに、売主さんが引き渡してくれなくて転売できなくなったので、売買代金の20％を損害として請求します。

売主

売買契約で違約金は10％として決まっています。したがって、損害賠償として売買代金の20％を支払うことはできません。10％は支払います。

　不動産売買の契約では、**契約違反を理由に解除した場合、相手方（契約違反をした側）に対して売買代金の10％から20％程度の金額を違約金として支払うことを定めるのが一般的**です。これは、損害賠償額をあらかじめ定めたものです。

融資利用の特約　141ページ16条

買主

従前から取引のある甲銀行から融資を受けて、売主さんの物件を買いたいのですが、売買契約書を甲銀行に提出しないと審査をしないと銀行が言っています。

仲介業者

では、売主さんに、売買契約に融資利用の特約を付けるようにお願いしてみます。

　売買契約が締結されていないと融資審査を行わない金融機関も多くあります。審査が通らず購入できない場合、違約金を支払う必要があるとすると、リスクが大きすぎて契約を締結できません。そこで**融資の承諾が得られない場合は、買主から解除することを可能とする特約**を設けます。

印紙

　令和9（2027）年3月31日までの間に作成される不動産の譲渡に関する契約書は、軽減税率が適用されます。

契約金額		本則税率	軽減税率
10万円以下のもの		200円	200円
10万円を超え	50万円以下のもの	400円	200円
50万円を超え	100万円以下のもの	1千円	500円
100万円を超え	500万円以下のもの	2千円	1千円
500万円を超え	1千万円以下のもの	1万円	5千円
1千万円を超え	5千万円以下のもの	2万円	1万円
5千万円を超え	1億円以下のもの	6万円	3万円
1億円を超え	5億円以下のもの	10万円	6万円
5億円を超え	10億円以下のもの	20万円	16万円
10億円を超え	50億円以下のもの	40万円	32万円
50億円を超えるもの		60万円	48万円
金額の記載のないもの		200円	200円

※令和9(2027)年4月以降については本書執筆時点では未定です。

土地建物売買契約書

　売主：○○○○（以下「甲」という。）と買主：△△△△（以下「乙」という。）とは、末尾表示の土地建物（以下、土地を「本土地」、建物を「本建物」といい、併せて「本物件」という。）の売買につき、以下のとおり契約を締結する。

第1条（売買の目的）

　甲は、その所有する本物件を乙に売り渡し、乙はこれを買い受ける。

第2条（売買代金）

　本物件の売買代金は、以下のとおりとする。

売　買　代　金　総　額　（消費税込）		○○○万円
内訳	土地代金	○○○万円
	建物代金	○○○万円
	建物代金に係る消費税（○パーセント）	○○万円

第3条（境界の明示及び確定測量図の作成）

　甲は、その責任と負担において、隣地所有者等の立会を得て、土地家屋調査士に本土地について測量させ、境界石等境界を明示するものがない場合にはこれを設置のうえ、本物件の引渡時までに、隣地との境界を明示し、確定測量図を買主に交付する。

第4条（売買対象面積）

1　前条の測量の結果、本土地について実測面積が末尾表示面積に比し増減した場合、その面積1平方メートルにつき金○○万円の割合で売買代金を精算する。
2　前条の測量の結果、本土地について実測面積が末尾表示面積と相違しても、売主は、地積更正登記を行う責任を負わないものとする。

第5条（手付金）

1　手付金は○円とし、本契約締結と同時に乙から甲に支払うものとする。
2　乙は手付金を放棄し、甲はその倍額を乙に支払うことにより、本契約を解除することができる。

第6条（残代金の支払）

　乙は甲に対し、令和○年○月○日までに残代金を支払うものとする。

第7条（所有権の移転）

　本物件の所有権は、乙が売買代金の全額を支払い、甲がこれを受領したときに、甲から乙へ移転する。

第8条（所有権移転登記等）

1　甲は、売買代金の支払と引換えに、本物件の所有権移転登記申請手続に必要な書類を交付する。

2　所有権移転登記手続に要する費用は乙の負担とする。

第9条（引渡し）

1　甲は乙に対し、売買代金全額の支払と引換えに、本物件を引き渡す。

2　甲は乙に、前項の引渡期日限り、売買代金全額の支払と引換えに、以下の書類等を引き渡す。

　(1)　本土地に関する確定測量図、隣地との境界確認に関する書類

　(2)　本建物の建築確認申請書、確認済証又は確認通知書、検査済証

　(3)　本物件に設置・設定された設備等に関する説明書、保証書その他本物件の管理利用に当たり必要な書類並びに鍵、その他の備品

第10条（契約不適合責任）

1　乙は、本物件の引渡後、3ヶ月以内に甲に通知をした場合に限り、本物件が種類、品質に関して本契約の内容に適合しないものであることを理由として、甲に本物件の修補を請求することができる。

2　前項の場合に甲が負う責任の内容は不具合の修補に限るものとし、乙は甲に、代金減額請求、損害賠償請求又は解除をすることができない。

第11条（抵当権等の抹消）

　　甲は、乙に対し、本物件について、第7条の所有権等の移転時期までにその責任と負担において、先取特権、抵当権等の担保権、地上権、賃借権等の用益権その他名目形式の如何を問わず、買主の完全な所有権等の行使を阻害する一切の負担を除去抹消する。

第12条（公租公課の分担）

1　本物件に対して賦課される公租公課は、引渡日をもって区分し、その前日までの分を甲が、その日以降の分を乙が負担するものとし、引渡完了日において清算する。

2　公租公課納付分担の起算日は、1月1日とする。

第13条（危険負担）

1　甲及び乙は、本物件の引渡前に、天災地変その他甲又は乙のいずれの責めにも帰することのできない事由によって、本物件が滅失し売主がこれを引き渡すことができなくなったとき、互いに書面により通知して、本契約を解除することができる。また、乙は、本契約が解除されるまでの間、売買代金の支払いを拒むことができる。

2　本物件の引渡前に、前項の事由によって本物件建物が損傷したときは、甲は、本物件を損傷したままの状態で、買主に引き渡すものとする。

3　第1項の規定により本契約が解除されたとき、甲は、乙に対し、受領済みの金員を無利息にてすみやかに返還する。

第14条（解除）

　81ページの〈例文〉のとおり。

第15条（違約金）

　前条の規定による契約解除において、解除者は、相手方に売買代金総額の○パーセントの金員を違約金として、その支払を請求することができる。

第16条（融資利用の特約）

1　乙は、売買代金に関して、○○銀行に対し、本契約締結後すみやかにその融資の申込手続をする。

2　令和○年○月○日までに、前項の融資の全部または一部の金額につき承認が得られないとき、または否認されたとき、本契約は自動的に解除となる。

3　前項により本契約が解除されたとき、甲は、乙に対し、受領済みの金員を無利息にてすみやかに返還する。

4　甲が第1項の規定による融資の申込手続をおこなわず、または故意に融資の承認を妨げた場合は、第2項の規定は適用されないものとする。

第17条（反社勢力の排除）

　98ページの〈例文〉のとおり。

第18条（合意管轄）

　111ページの〈例文〉のとおり。

第19条（協議）

　112ページの〈例文〉のとおり。

土地建物の表示

(1)　所　　在　　○○市○○

　　　地　　番　　○番○

　　　地　　目　　宅地

　　　地　　積　　○．○平方メートル

(2)　所　　在　　○○市○○○番地○

　　　家屋番号　　○番○

　　　種　　類　　共同住宅

　　　構　　造　　鉄筋コンクリート造陸屋根4階建

　　　床面積　　　1階　○．○平方メートル

　　　　　　　　　2階　○．○平方メートル

　　　　　　　　　3階　○．○平方メートル

　　　　　　　　　4階　○．○平方メートル

部屋を貸したい、借りたい
～建物賃貸借契約書～

借地借家法は強行規定が多い

大家さんから賃貸借契約の期限が来年6月なので、期限が来たら退去するように通知がきたのですが、退去しないといけないのでしょうか？

大家さんが契約更新を拒み退去を迫るには、借地借家法で正当事由が必要と定められています。余程のことがないと正当事由は認められません。大家さんからの通知には正当事由は書いてありますか？

築25年で、老朽化による建替えと書いてあります。

築25年であれば、老朽化は正当事由にならないでしょう。まだまだ普通に住めますよね。

　建物の賃貸借契約は、住居に限らず、事務所や店舗等の事業用の賃貸借であっても、借地借家法が適用されます。

　21ページで前述したとおり、契約自由の原則から民法の規定より契約書で定めたことが優先するのが原則ですが、**借地借家法では、民法の規定より、借地権者、借家権者に不利な規定は適用されないとしている規定（片面的強行規定）が多くある**ので注意が必要で

す。その代表例は更新です。

　建物賃貸借契約の大家側から賃借人に対して更新拒絶を行う場合、<u>**借地借家法によって定められた正当事由がない限り更新拒絶ができず、賃貸借契約を結ぶ物件から立ち退きを要求することはできません。**</u>正当事由は事案に応じた判断になりますが、裁判をした場合、余程の事情がない限り認められないと思ってください。

　多く争いとなるのは、老朽化した建物の建替えのための契約更新拒絶ですが、<u>**使用に耐えないほど老朽化していれば別ですが、そうではない限り、正当事由の補完要素としての立退料の支払いがないと更新拒絶は認められません。**</u>

使用目的違反　153ページ2条

あなたとの賃貸借契約を解除します。
すぐ退去してください。

どうしてですか？　理由を教えてください。

この部屋の賃貸借契約は住居として貸しているんですよ。それなのに、この部屋をデリヘルの事務所として使っているからです。

　マンションや事務所などの<u>**不動産を賃貸するときには「使用目的」を定めることが多い**</u>です。これは貸主として、想定外の使用をされると困るからです。

　例えば、居住用のマンションで、飲食業、バー、エステサロンなどを開くと人の出入りが多く、他の室の住民にとって迷惑です。

　なお、<u>**使用目的違反の場合、賃貸借契約を解除できるかという問**</u>

題がありますが、この点は、使用形態の変更の程度によります。

　例えば、居住用目的で借りた部屋で、デザイナーが本店登記をしたとしても、**1人で業務を行っている限りは使用形態の変更はなく、解除は認められません。**

賃貸借期間・更新料　　153ページ3条、155ページ9条

来月で賃貸借契約の期限がきますので、新たな契約書に署名・押印をしてください。あと、賃料の1ヶ月分の更新料をお支払い願います。

更新料を支払うお金がないので、新しい契約書に署名・押印しません。

賃貸借期間

　借家契約では賃貸借期間を定めることが多いものの、必須ではありません。**期間の定めがない建物賃貸借契約で賃貸人から解約する場合**は、**6ヶ月前に賃借人に通知**する必要があり、かつ**正当事由**がないと解約が認められません。これは**借地借家法で定めた「強行規定」**です。

　一方、**賃借人から解約をする場合**は、契約書に特段の定めがなければ、**3ヶ月前に賃貸人に通知**する必要があります。これは**民法で定めた「任意規定」**であるため、契約書で自由に定めることができます。

更新料

　更新料を契約書で定めているケースは多いですが、その有効性に

ついて以前は争いがありました。しかし、平成23(2011) 年の最高裁判決で、**契約書に明示されていて、かつ、高額過ぎなければ有効**と判断されましたので、以後、契約書に**更新料条項**を入れることが多くなっています。

※後述の**法定更新**の場合も更新料を支払う旨の特約があれば、特約の効力として法定更新時の更新料の支払義務はあります。一般的な更新料条項のみで、法定更新の場合について特に定めていない場合は、裁判例によって結論は分かれています。

法定更新

　期間の定めのある借家契約は、**期間満了の1年前から6ヶ月前までの間に、当事者の一方が相手方に対して更新拒絶の通知をしなければ、従前と同一の条件で更新したものとみなされます**（借地借家法26条1項）。これを法定更新といいます。

　また、賃貸人が更新拒絶の通知を行った場合でも、**期間満了後に**賃借人が建物の使用を継続しているときは、**賃貸人が遅滞なく異議を述べない限り**、法定更新の効果が発生します（同条2項）。

　つまり、**更新の合意が成立しなくても、賃借人が住み続けている**（事務所や店舗であれば使い続けている）**限り、借地借家法の効果として強制的に更新される**という制度です。

　法定更新は、期間の定めのない契約に更新となるため、その後の契約更新がなくなります。借主が解約の申入れをするか、貸主が正当事由により退去を命じない限り、契約は続くということです。

　前述のとおり正当事由を提示して退去を命じることはかなりハードルが高いため、実質的には**借主が解約の申入れをするまで半永久的に契約が続く**ことになります。

自動更新　153ページ3条

賃料月10万円なのに先月だけ20万円引き落とされています。間違いだと思うので10万円返してください。

20万円のうち10万円は更新料です。借主様との賃貸借契約は自動更新となりましたので、更新料10万円を加えて引き落とさせていただきました。したがって、ご返金はできません。

　いくら更新料を契約書で定めても、借主が更新の契約書への署名・押印に応じないと法定更新となってしまい、貸主としては更新料がとれません。そこで、**賃貸借契約書に更新料条項に加え「自動更新条項」も入れ、実質的に退去しない限り更新料をとれるようにする契約**もあります。

■法定更新と自動更新の違い

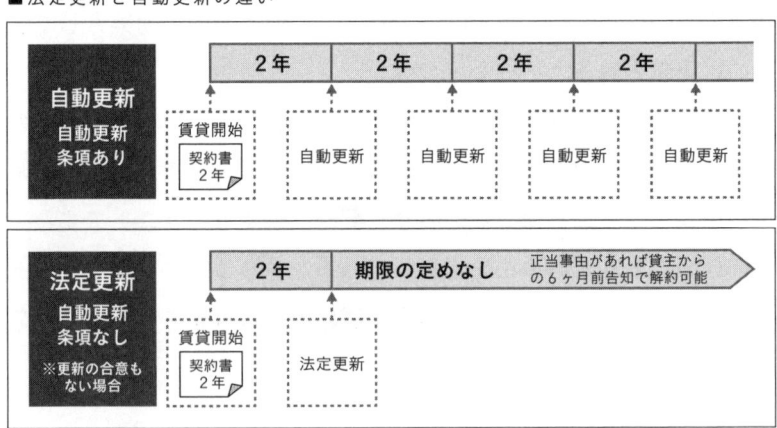

中途解約　154ページ4条

急に転勤になったので、賃貸借契約は今月で解除させてください。

はい、わかりました。でも、3ヶ月分の家賃を支払ってくださいね。契約書の〇条で、借主から解約の申出をする場合は、3ヶ月前までに申し出るか、3ヶ月分の賃料を支払うようになってますから。

　賃貸借契約に期間の定めがある以上、賃貸借期間内であれば、賃貸人と賃借人との合意がないと解約できないのが原則です。

　しかし、それでは賃借人としては退去したくても退去できず困ります。そこで、賃貸借契約に**借主から〇日前、〇ヶ月前に申し出た場合は解約できる旨の規定を設けるのが一般**です。〇の期間（事前告知期間）は、**居住用であれば30日のことが多い**ようです。一方、**事業用の場合は6ヶ月のことが多い**ようです。

賃料と消費税　154ページ5条

〇〇ビル1階の店舗の賃料が10万円しか振り込まれていません。1万円不足しています。

契約書に「賃料10万円」と書いてありますが……。
おかしくありませんか？

それに消費税10％がかかります。
事業用の賃貸借なので、消費税が課税されます。

　住宅を借りても消費税はかかりません。ここでいう住宅は、人の

居住の用に供するものですから、自宅だけではなく、借り上げ社宅や寮も含まれます。**法人契約であっても社宅であれば非課税**です。

　しかし、**住宅以外の用途で借りた場合は消費税がかかります。**

賃料の改定　154ページ6条

賃料月額10万円でしたが、周辺相場が上がっているので、来月から13万円にしてください。

それは上げすぎでしょう！
3万円の値上げはおかしくありませんか？

近隣では同じような広さの物件は13万円が相場です。

私が借りた5年前と比べて相場は1割くらいしか高くなっていませんよ。3万円の値上げには応じられません！

　借地借家法32条1項は右表のように規定しています。これと**同趣旨の規定を賃貸借契約に定めるのが一般的**です（定めなくても借地借家法が適用されます）。

　この規定により、**近隣相場の変動により、賃料を上げることも下げることも可能**で

> **借地借家法32条1項**
> 建物の借賃が、土地若しくは建物に対する租税その他の負担の増減により、土地若しくは建物の価格の上昇若しくは低下その他の経済事情の変動により、又は近傍同種の建物の借賃に比較して不相当となったときは、契約の条件にかかわらず、当事者は、将来に向かって建物の借賃の額の増減を請求することができる。ただし、一定の期間建物の借賃を増額しない旨の特約がある場合には、その定めに従う。

す。賃貸人と賃借人で合意できればよいですが、賃料の上げ下げについて**合意できない場合は裁判所に調停を申し立てる**ことになります（民事調停法24条の2）。

ただし、ここで上げ下げできる金額は**近隣相場の変動幅に比例した金額**です。近隣相場が10%上がれば賃料を10%上げることはできます。つまり以下のようになります。

値上げ後の賃料＝値上げ前の賃料×近隣相場の増減率

　様々な理由で元々相場より安い賃料で契約をしている場合がありますが、この場合も元の相場より安い賃料をベースに相場の増減率を乗じることになります。決して"相場並み"に改定できる訳ではありません。

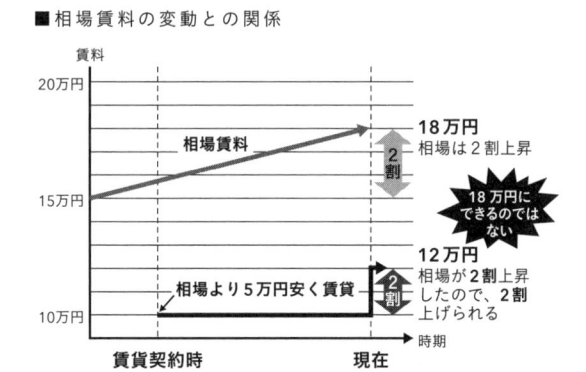

■相場賃料の変動との関係

費用負担の取り決め　154ページ7条

仲介業者

この部屋は、賃料4万円、共益費が4,000円、水道料が3,000円、合計4万7,000円の月額のお支払いとなります。

借主

「水道料金3,000円」って何ですか？

仲介業者

このアパートは部屋別の水道メーターがないので、水道料金として一律3,000円を大家さんに支払っていただきます。

　アパート、賃貸マンション、テナントビル等は、共用部と専有部

があります。電気料金、水道料金についても共用部と専有部の按分を明確にしておく必要があります。

　また、貸室に備え付けられた、エアコン、コンロや蛍光灯の修繕・交換費用を貸主が負担するのか、借主が負担するのかも明確にしておく必要があります。

敷金　154ページ8条

今月末に退去するので敷金20万円を返してください。

敷金の返還は退去の翌月末になります。退去後、室内を点検し、原状回復費用を差し引いた金額を返金いたします。

　かなり以前には、敷金の返還は明渡しと同時に行う義務があるのか（明渡し時説）、明渡し後でよいのか（明渡し後説）で議論がありましたが、昭和48(1973)年の最高裁判例により**明渡し後**とされました。さらに、令和2（2020）年に民法上も**明渡し完了後**に発生することが明確となりました。明渡し後といっても、いつなのか不明確なため、**敷金の返還時期を明確化**しておくことが望まれます。

修繕義務　155ページ12条

雨が漏り営業に支障があるので直してください。あと、雨漏りの修繕工事中はお店を営業できないので、休業補償もお願いします。

雨漏り工事は承知しました。
しかし、休業補償は支払いません。

建物に修繕は付きものです。雨漏りの修繕や建具の不具合の修繕ばかりではなく、外壁塗装や屋上防水等の大規模修繕も必要です。

基本的に修繕は貸主の義務ですが、修繕には借主の協力も必要です。修繕が必要になった場合の、貸主と借主の義務を契約書で定めておくべきです。

民法611条1項は右表のように規定しています。契約書に特約がなければ、修繕工事により使用できなくなった部分の割合に応じて賃料は減額となりますが、休業補償は認められません。

> **民法611条1項**
>
> 賃借物の一部が滅失その他の事由により使用及び収益をすることができなくなった場合において、それが賃借人の責めに帰することができない事由によるものであるときは、賃料は、その使用及び収益をすることができなくなった部分の割合に応じて、減額される。

原状回復義務　156ページ15条

 先月に退去したのですが、大家さんが「クロスの張替え費用と相殺した」と言って敷金を返してくれません。

 クロスが汚れるような特別なことをしましたか？　例えば、タバコのヤニで変色させるとか、子どもが落書きするとか。

 いいえ、普通に使っていただけです。20年住んでいたので、一部分が剥がれたりはしていますが。

 そうだとすると、敷金とクロス張替え費用の相殺は認められませんね。

　原状回復とは、賃貸借契約が終了して借主が退去する際に、借りた部屋を「本来あるべき状態」、つまり入居時の状態に戻して貸主

（賃貸人）に返す義務のことです。この**原状回復に要する費用を敷金と相殺するのが一般的**です。

一方、住んでいれば自然とできる汚れや傷、色あせもあります。そのような経年劣化は借主が責任を負うべきものではありません。1998年に国土交通省が制定した「原状回復をめぐるトラブルとガイドライン」では、**「経年変化」「通常損耗」については原状回復義務を負わない**としています。

その後、判例も、**賃借人は「通常損耗」等の原状回復義務を負わないことが原則**であるとしたうえで、賃借人が補修費用を負担する損耗の範囲を**賃貸借契約書等で合意した場合には、当該範囲について賃借人に原状回復義務を負わせることができる**としています。

さらに令和2（2020）年の民法改正で、賃借人の原状回復義務について、「通常の使用及び収益によって生じた賃借物の損耗並びに賃借物の経年変化」については賃借人の原状回復義務の対象外であることが明定されました（民法621条）。

なお、民法621条は**任意規定**ですが、そのような特約は、消費者契約法が適用される賃貸借（個人の居住用等）においては、**無効と判断される可能性がある**ことに留意すべきです（消費者契約法10条）。

実務的には、事業用の賃貸借契約では賃借人にクロスや床などの交換義務まで定めるなど広く原状回復義務を規定する契約条項も有効ですが、居住用物件の賃貸借契約では、「原状回復をめぐるトラブルとガイドライン」に従うべきと考えて対応すべきです。

印紙

建物の賃貸借契約書は**印紙税の課税対象となりません。**

　しかし、**土地**の賃貸借契約書は**課税対象となり得る**ので注意をしてください。その場合は権利金（借地権設定の対価たる性質の一時金であり、契約終了時に地主から返還されない金員）の金額を基準に138ページの本則税率が適用されます。契約書に地代しか金額の記載がない場合は「契約金額の記載がないもの」として200円の印紙の貼付が必要です。

建物賃貸借契約書

　賃貸人○○株式会社（以下「甲」という。）、賃借人△△株式会社（以下「乙」という。）は、以下のとおり建物賃貸借契約を締結する。

第1条（賃貸借物件）
　甲は乙に対し甲の所有する建物（以下「本建物」という）の下記表示部分（以下「本貸室」という）を賃貸し、乙はこれを賃借する。
　　　所　　在　　東京都足立区○○町○丁目○番○号
　　　名　　称　　○○ビル
　　　号　　室　　１階１０１号室
　　　専有面積　　○○㎡

第2条（使用目的）
　乙は本建物を事務所として使用する。

第3条（賃貸借期間）
　1　賃貸借期間は、令和○年○月○日から満１０年間とする。
　2　期間満了の６ヶ月前までに甲又は乙から相手方に対し書面による更新拒絶の意思表示がない場合、本契約は更新されるものとし、その後の期間満了についても同様とする。

第4条（解約）

1 甲又は乙が期間満了と同時に本契約を解約しようとするときは、相手方に対し6ヶ月前までに書面をもって解約の予告をしなければならない。

2 乙は賃貸借期間中であっても、甲に対し6ヶ月前までに書面をもって解約の予告をすることにより本契約を解約することができる。

3 乙は予告に代えて6ヶ月分の賃料相当額を支払うことにより、即時にこの契約を解約することができるものとする。

第5条（賃料・共益費）

1 賃料は月額〇万円（別途消費税）、共益費は月額〇万円とする。

　ただし、1ヶ月未満の賃料及び共益費は当該月の日数による日割計算とする。

2 乙は、前項の賃料及び共益費を毎月〇日（銀行休業日の場合には前営業日）までに、翌月分を甲が指定する銀行口座に振り込む方法により支払う。なお、振込手数料は乙の負担とする。

　【振込口座】
　　　　　〇〇銀行　〇〇支店　普通　〇〇〇〇〇〇〇
　　　　　口座名義：〇〇

第6条（賃料・共益費の改定）

　甲及び乙は、本契約更新の際、協議の上、賃料及び共益費を改定することができる。ただし、甲及び乙は、賃貸借期間中であっても土地建物の公租公課、その他の負担の増減、経済情勢、物価の変動又は近隣建物賃料との比較上不相当となったときは、協議の上、賃料及び共益費を改定することができる。

第7条（その他費用の負担）

　乙の本貸室使用に関連して生ずる次の費用は、乙の負担とし、甲が立て替えたものは甲の請求に基づき定められた期限までに甲に支払うものとし、支払方法は第5条に準じるものとする。

(1)　本貸室内の照明・空調、その他の機器の電気料金

(2)　本貸室内の清掃費用

(3)　本貸室内の水道料金及びガス料金

(4)　本貸室内の照明灯の維持及び取替えに要する費用

(5)　その他、乙の本貸室の使用に関連して生ずる費用

第8条（敷金）

1 敷金は金〇円とし、本契約締結時に乙より甲に支払うものとする。

2 甲は、本契約終了後、預託を受けた敷金から本契約に基づく乙の一切の債務を控除し、なお残額がある場合、乙が甲に対し本貸室を明け渡した日から1ヶ月以内に、当該残額を乙に返還する。

第9条（更新時の更新料）

1　乙は、本契約の更新に際し、更新後の賃料の1ヶ月分（別途消費税）を更新料として甲に支払うものとする。

2　更新後においては事由の如何にかかわらず、更新料は返還されないものとする。

第10条（敷金の相殺等）

1　乙が賃料等の支払を遅滞し、又は損害賠償その他本契約に基づく甲に対する金銭債務を生じさせた場合は、甲は乙に対し｛何らの催告なしに第8条の敷金をもってその弁済に充当することができる。

2　前項の場合、乙は充当の通知を受けた日から1週間以内に、約定敷金額に達するまで敷金を補充しなければならない。

3　乙は第8条の敷金の返還請求権をもって、賃料その他の本契約上負担する債務との相殺を主張することはできない。

第11条（造作・設備工事等）

1　乙が次の行為を行う場合は、甲に設計図面等を提出し、予め文書により甲の承諾を得なければならず、これに要する費用は乙の負担とする。

　(1)　本貸室内の造作 間仕切り 建具等の新設または模様替えをするとき。

　(2)　電灯の増設もしくは移転、給排水 ガス及び電気 空調設備の新設、増築、移転、変更等をするとき。

　(3)　本貸室の外面（出入口扉 外壁 窓硝子 シャッター等を含む）に商号 商標その他のものを表示するとき。

　(4)　重量物の搬入据え付けをするとき。

　(5)　本貸室出入口扉の鍵を取り替えるとき。

　(6)　本貸室に看板および広告設備を設置するとき。

　(7)　その他本貸室の原状を変更するとき。

2　前項の工事は、原則として甲の指定する施工業者に発注し、賃貸借期間内に行う。

3　第1項の工事に要する費用一切は、乙の負担とし、乙が新設した造作・設備等に賦課される公租公課は、宛名名義のいかんにかかわらず乙の負担とする。

第12条（修繕）

1　甲は建物の躯体および共用部分並びに共用設備の維持保全に必要な修繕を行う義務を負う。ただし、乙の故意または過失による損耗に対する修繕はこの限りではない。

2　本貸室内に乙が施した造作および付帯設備に関する修繕費用は乙が負担する。

3　第1項の要修理箇所を発見した場合は、乙は速やかに甲に通知する義務を負うものとする。

第13条（禁止事項）

　乙は次の行為をしてはならない。

(1)　衛生上有害となる行為。

(2)　法令に違反し、または公序良俗に反する行為、及び風紀を乱す行為。

(3)　指定された場所以外に物品等を設置する行為。また、共用部分の無断占有。

(4)　近隣への迷惑行為。

第14条（解除）

81ページの〈例文〉のとおり。

第15条（明渡し及び原状回復）

1　本契約が終了するときは、乙は、別紙原状回復基準に従い本貸室を原状回復した上で、本契約終了時までに甲に対し本貸室を明け渡すものとする。

2　前項の原状回復工事については、甲の指定する施工業者に発注することとし、その費用は乙の負担とする。

3　乙による本貸室の明渡後に本貸室内に残置物があった場合は、甲は、乙がこれらの所有権を放棄したものとみなし、任意にこれらを処分することができる。この場合、甲は、乙に対し、残置物の撤去・処分に要した費用を請求することができる。

4　本契約終了時までに乙が本貸室を明け渡さないときは、乙は、甲に対し、本契約終了の翌日から明渡完了に至るまでの賃料の倍額及び共益費に相当する額を支払い、かつ、明渡遅延により甲又は第三者が損害を被ったときは、その損害を賠償する。

第16条（造作買取請求権等）

1　乙は、本貸室の明渡しに際し、その事由・名目の如何を問わず、本貸室、造作及び設備について支出した必要費・有益費の償還請求又は移転料・立退料・権利金等一切の請求をしないものとする。

2　乙は、本貸室内に自己の費用をもって設置した造作・設備等の買取りを甲に対し請求することはできないものとする。ただし、甲が必要と認めた場合はこの限りではない。

第17条（合意管轄）

111ページの〈例文〉のとおり。

第18条（協議）

112ページの〈例文〉のとおり。

商品を継続的に仕入れたい
〜商品売買基本契約書〜

基本契約書と個別契約書　163ページ1条

今後、継続的に御社から仕入れたいと思いますので、取引基本契約書を交わさせてください。

それはかまいませんが、個々の取引の際は、どうすればよいですか？

個々の取引の際は当社から注文書をメールで送るので、御社から請書をメールで送ってください。

売買における契約書の必要性

　スーパーやコンビニにおいて、消費者個人が買い物をするのも売買契約です。レジで会計をする際に、売買契約が成立しています。

　しかし、そこでは、いちいち契約書を交わしません。その場で商品の性質・内容を把握しやすく、金額はあらかじめ表示されていて、かつ、比較的低額なことが多く、また、その場で支払いが完了し商品を受け取れるので、取引から生じるリスクが小さいからです。

　一方、企業間における売買、例えばメーカーであるA社がB社から材料を仕入れたり、スーパーであるC社が卸業者であるD社から

商品を仕入れる取引の場合は、その売買の対象品の機能・性能、取引金額について、何度も協議を経たうえで継続的に取引をすることとします。また、スーパーやコンビニの店頭での取引に比べて金額が大きいことから、問題発生時のインパクトが大きくなります。さらに、掛売りであることが一般的で、支払確保の問題も生じます。

そこで、企業間取引では、契約書をもって、**あらかじめ取引条件やトラブルが生じた場合の救済方法等を明確化**しておくことが重要です。

基本契約書と個別契約書

企業間取引において、売買の度に契約書を交わしても法的な問題はありません。しかし、月に何回も繰り返し取引が行われる場合、そのつど詳細な契約書を交わすのも大変です。同一企業間における同一商品の売買であれば、個々の売買ごとに異なるのは数量、金額、納期くらいでしょう。

そこで、**その他の合意事項を基本契約書**で定めておき、取引ごとに異なる**数量、金額、納期程度のシンプルな事項を個別契約書**で定めます。

なお、個別契約が成立した証として、注文書と請書を交わすことでも問題はありません。

■ 商品売買基本契約書に記載すべき事項

①商品の性能、品質等に関する事項

②納品時期、場所、検査に関する事項

③支払条件

④納品後に不具合が発覚した場合に関する事項

⑤基本契約の期間

⑥紛争になった場合に備える定め

納品場所　164ページ4条

ご注文の商品ですが、宅配便業者に配送を依頼しておりましたところ、どうやら今朝、宅配便業者のトラックが事故に遭ったようでして……。

それは困りましたね。とはいえ、本日、当社の売上が立たなくなるので、御社にその損害を補填してもらいますよ。

　企業間取引は、多くの場合、隔地者間取引ですが、**契約書に何も規定がない場合の商品の引渡し場所**は、民法484条により**買主（債権者）の住所**となります（**持参債務の原則**）。

　企業の拠点は複数存在します。民法484条によれば本店に届けられてしまうことになりますが、店舗や倉庫に納品をしてほしいことが多いと思います。契約書で**納品場所**を明記しておくべきです。

　なお、**運送過程のトラブル**で納品ができないこともありますが、その買主・売主間の責任は、**納品場所が買主の拠点であれば売主が、納品場所が売主の拠点であれば、買主が負う**こととなります。

検査　164ページ5条

1週間前に御社から納品を受けた〇△100個ですが、1個破損していたんで、取り替えてもらえませんか？

破損や数量不足は納品後3日以内までに言っていただければ交換や追加納品しますが、今回は納品から1週間過ぎているので応じられません。

　企業間の売買においては、商法526条で「買主は、その売買の目

的物を受領したときは、**遅滞なく、その物を検査**しなければならない。」と定められています。「遅滞なく」といっても、24時間以内なのか1週間以内なのか、その取りようは様々です。

　そこで、契約書で「引渡しから〇日以内に、本商品の検査を行う。」と定めて**検査の期間**を明確にしておくべきです。

代金の支払い　164ページ6条

商品を納品したので、代金をすぐ支払ってください。

当社は、仕入れはすべて月末締、翌月末払いなので、お支払いは来月末になります。

そうなら、それを先に言ってください。
当社も資金繰りの都合があるので困ります。

　売買において、民法では**商品の引渡しと代金の支払いは同時履行**が原則です。しかし、企業間売買では「掛売り」が一般的です。掛けで売買をする場合は、「**〇〇締、〇〇日払い**」といったルールを契約書で明確にしないといけません。

　なお、**契約書で掛けの期間を定めていない場合に、買主は売主から商品の引渡しと交換に代金の支払いを求められたとすれば、法的にはそれを拒めません。**

所有権の移転　164ページ7条

（買主が代金支払前に破産した場合）

売　主

まだ代金の支払いを受けていないので、納品した商品は当社のものです。ですから商品を返してください。

買主の破産管財人

いいえ、所有権は引渡しの時に移転しますので、納品された商品の所有権は当社にあるのでお返しすることはできません。

　商品の所有権の所在が問題となるのは、売主または買主が破産をした場合や、第三者から差押を受ける場合です。

　民法176条は「物権の設定及び移転は、**当事者の意思表示**のみによって、その効力を生ずる。」と規定しているので、これに従えば、売買の合意があった時、たとえば注文書に対して**請書が発行された時**に当事者間では所有権が移転をします。

　ただし、それを第三者に対抗するには、**動産は「引渡し」が必要**です（民法178条）。

しかし、請書の発行時に所有権が移転するのは感覚的に早すぎるので、契約書で移転時期を「引渡しが完了した時」または「代金の支払いが完了した時」と定めておきます。

■合意、引渡し、代金の支払い

合　意	引渡し	代金支払
← a →	← b →	
特約がなければここで所有権移転	買主としては特約で引渡し時を所有権移転時期としたい	売主としては特約で代金の支払時を所有権移転時期としたい

契約不適合責任　164ページ9条

買主
(工事業者)

県道の工事に、御社から買った側溝を使ったところ、「県の定めた強度を有していない」として工事のやり直しを求められました。これにより当社は2,000万円の損をしたので、損害賠償として同額の支払いを求めます。

売主
(建材メーカー)

納品して6ヶ月以上経っていますので、当社はその側溝について契約不適合責任を負いません。

買主
(工事業者)

いや、強度不足の原因は鉄筋が細いことにありますから、御社はコストを抑えるため、わざとやったのですよね？
なので、納品から6ヶ月過ぎていても、御社は契約不適合責任を免れませんよ！

契約不適合責任とは**「目的物が種類、品質又は数量に関して契約の内容に適合しないものであるとき」**に売主に課される責任で、その効果として、追完、代金減額請求、損害賠償請求、解除があります。

■不適合内容と効果

	追完			代金減額	損害賠償	解除
	修補	交換	追加納品			
品質不良	○	○		○	○	○
数量不足			○	○	○	△(注)

(注) 数量不足が激しく買主が目的を達成できない場合は解除可

この契約不適合責任を売主に追及するためには、民法によれば、**不適合を知ってから1年以内**に売主に通知をすればよいことになっています。

　しかし、企業間売買では、商人間売買の特則である商法526条により、**売主が悪意であった場合を除き、買主は原則、納品後遅滞なく検査をしたうえで、品質不良、数量不足がある場合は売主に通知**をしなければならず、直ちに発見できない品質不良、数量不足につ

いても、買主は受領後**6ヶ月以内**に売主に通知をしないと契約不適合責任を問うことができません。

　もっとも、民法および商法の規定は**任意規定**ですから、当事者間の合意で契約不適合責任について自由に定めることができます。

■民法上の通知期間と商法上の通知期間の関係

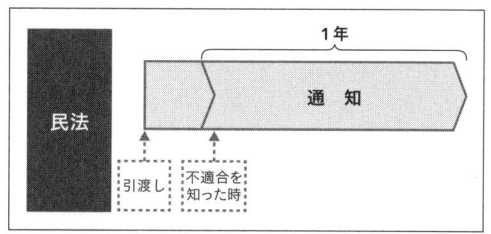

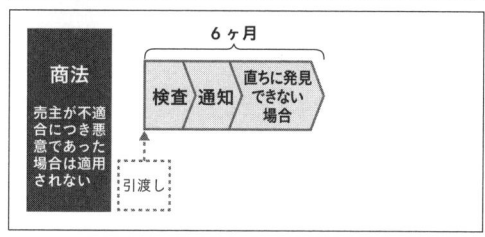

印紙

　継続的取引の基本となる契約書なので**4,000円**。ただし、**契約期間が3ヶ月以内で、かつ、更新の定めのないものは不要**です。

商品売買基本契約書

　売主〇〇株式会社（以下「甲」という。）と買主△△株式会社（以下「乙」という。）は、甲の取扱商品（以下「本商品」という。）の継続的な売買に関し基本的事項を定めるため、以下のとおり合意し、この契約（以下「本契約」という。）を締結する。

第1条（基本契約性）
　本契約は、売主と買主との本商品についての個々の売買取引に対し、共通して適用するものとする。但し、個別売買取引において、本契約と異なる事項を約することを妨げないものとする。

第2条（売買の目的物）
　本契約に基づき、売主より買主に売り渡される本商品の仕様は、別紙のとおりとする。

第3条（個別契約）

1　個別契約は、乙が、品名、種類、数量、単価、納期その他の本商品の売買に必要な事項を記載した注文書を甲に交付し、甲がこれを承諾する旨の注文請書を乙に交付することで成立する。

2　前項の規定にかかわらず、甲及び乙は、注文書とは異なる契約書を別途作成の上、当該契約書の締結をもって、個別契約を成立させることができる。

第4条（引渡し）

1　甲は、個別契約において定められた納期までに、乙の○○事業所において、本商品を乙に引き渡す。

2　前項の引渡しに要する費用は甲の負担とする。

第5条（検査）

1　乙は、甲から本商品を引き渡された場合には、当該引渡しから○日以内に、本商品の検査を行う。

2　乙が前項に規定される期間内に検査を終了しなかった場合には、当該期間の末日をもって、乙による検査は終了したものとみなす。

3　本商品の引渡しは、乙の検査が終了した時に完了するものとする。

第6条（代金の支払）

1　乙は、前条に基づく引渡しが完了した本商品について、甲が指定する銀行口座に振り込む方法によって個別契約に定める代金を支払う。振込手数料は乙の負担とする。

2　前項の代金の支払については、毎月末日を締切日とした上で、翌月○日を支払期限とする。

第7条（所有権の移転）

本商品の所有権は、第5条の検収及び受領を証する書面の交付前であっても、第5条第3項の引渡し完了分について、甲から乙に移転したものとする。

第8条（滅失・毀損・瑕疵等）

天災地変等の不可抗力その他当事者の責めに帰し得ない事由による本商品の滅失・毀損・減量・変質等の損害は、第5条第3項による本商品の引渡し完了前は売主の負担とし、引渡し完了後は買主の負担とする。

第9条（契約不適合責任）

1　乙は、第5条の検収完了後、納入物について契約条件との相違、瑕疵又は欠陥等（以下、「契約不適合」という。）を発見した場合は、直ちに甲に通知するものとし、代品の納入、瑕疵の補修又は代金の減額を甲に請求できる。

2　乙は、当該契約不適合（甲の責めに帰すべき事由により生じたものに限る。）により損害を被った場合、甲に対して損害賠償を請求することができる。

3　甲が本条に定める責任その他の契約不適合責任を負うのは、第5条の検収完了後6ヶ月以内に乙から当該契約不適合を通知された場合に限るものとする。但し、検収完了時において甲が当該契約不適合を知り若しくは重過失により知らなかった場合、又は当該契約不適合が甲の故意若しくは重過失に起因する場合にはこの限りでない。

第10条（解除）

1　甲又は乙がその債務を履行しない場合（本商品に契約不適合がある場合を含む。）は、その相手方は、民法の定めに従い、個別契約の解除をすることができる。

2　前項のほか、甲及び乙は、相手方が次条各号の事由のいずれかに該当した場合には、何らの催告を要することなく、本契約の解除及び個別契約の全部又は一部の解除をすることができる。

第11条（期限の利益の喪失）

甲及び乙は、次の各号の事由のいずれかに該当した場合には、本契約及び個別契約に基づく自らの債務について、何らの催告を要することなく、当然に期限の利益を失う。

　(1)　本契約若しくは個別契約に基づく債務を履行せず、又は本契約若しくは個別契約の定めに違反をし、相手方から催告を受けて相当期間が経過しても是正されないとき

　(2)　支払の停止又は破産手続開始、民事再生手続開始、会社更生手続開始若しくは特別清算開始の申立てがあったとき

　(3)　合併によらず解散したとき

　(4)　差押え、仮差押え、仮処分、強制執行若しくは任意競売の申立て、又は租税等の滞納処分を受けたとき

　(5)　電子交換所の取引停止処分を受けたとき

　(6)　その他財産状態が悪化し、又はそのおそれがあると認められる相当の事由があるとき

第12条（損害賠償）

甲がその債務の本旨に従った履行をしないとき又は債務の履行が不能であるときは、乙は、民法の定めに従い、これによって生じた損害の賠償を請求することができる。

第13条（有効期間）

1　本契約の有効期間は契約締結日から〇年間とする。

2　前項の有効期間満了の〇ヶ月前までに、甲又は乙による本契約の書面による更新しない旨の申入れがなされない場合には、本契約は自動的に更に〇年間更新されるものとし、その後も同様とする。

3　本契約が期間満了により失効したときにおいても、売主は現に存する個別売買契約について、本契約の各条項がなおその効力を有するものとすることができる。

第14条（譲渡等の制限）

103ページの〈例文〉のとおり。

第15条（反社勢力の排除）

98ページの〈例文〉のとおり。

第16条（合意管轄）

111ページの〈例文〉のとおり。

第17条（協議）

112ページの〈例文〉のとおり。

お金を貸したい、借りたい
～金銭消費貸借契約書～

金銭消費貸借契約とは　172ページ1条

 昨年お借りした600万円が来月返済期限ですが、どうしても資金繰りがつきません。来月から毎月50万円、1年間の分割返済に返済条件を変更いただけないでしょうか？

 借主さんの費用で公正証書にしてくれるなら、応じます。

消費貸借契約とは

　消費貸借とは、当事者の一方（借主）が相手方（貸主）から代替性のある物を受け取り、同種、同等、同量の物を返還する契約です（民法587条）。このうち金銭を対象とする場合は**金銭消費貸借**といいます。金銭消費貸借契約は**融資契約**と同義と思ってください。

要物契約

　民法587条は、「当事者の一方が種類、品質及び数量の**同じ物をもって返還**をすることを約して相手方から**金銭その他の物を受け取る**ことによって、その効力を生ずる。」と規定しているので、借主が金銭を受け取らないと金銭消費貸借が成立しません。こうした物の受け渡しを契約成立の要件とする契約を**要物契約**といいます。

一方、当事者間の**合意だけ**で成立する契約を**諾成契約**といいます。

この点、令和2（2020）年の民法改正で587条の2が追加され、**書面でする場合に限って、引渡しと返還を合意することによっても契約できる**こととなりました。

つまり、消費貸借契約は、原則は要物契約であるが、書面ですることにより諾成契約の形式でも契約できることとなっています。

最低限契約書に記すこと

要物契約である金銭消費貸借契約の要件は、**金銭の交付と返還合意**です。このうち、返還合意は契約書（タイトルは「借用書」のことも多い）がないとなかなか証明できません。一方、金銭の交付は、領収書や銀行振込の記録でも証明できますが、**何目的の金銭の交付なのかが争いになる**ことがあります。

例えば、貸主が100万円の借主への振込をもって貸付金の交付をしたと主張したところ、借主は確かに100万円の振込は受けたが、これは貸付金ではなく、業務委託料だと主張するようなことがあります。そこで、要物契約の場合、**金銭交付の事実**も契約書に記しておいたほうがよいでしょう。

公正証書

借主が返済をしない場合、金銭消費貸借契約証書（借用書）があるだけでは差押えなどの強制執行はできません。強制執行のために裁判をすることになれば、時間と費用を要します。

そこで、公正証書の文中に**強制執行認諾条項**を定めておくと、確定している金銭債務については、裁判による確定判決等がなくても、直ちに強制執行の申立てを行うことが可能です（32ページを参照）。

利息と利息制限法　172ページ2条

どうしても300万円必要です。
1年後には返せますので、どうか貸してください。

1年後に400万円にして返してくれる約束をしてくれるなら300万円お貸しします。

その条件で結構なので、よろしくお願いいたします。

（1年後）

利息制限法の上限金利は元本の額が100万円以上の場合は年15%です。ですから、元本300万円と、利息45万円の合計345万円のみ、お支払いいたします。それを超える部分は利息制限法違反で無効です。

　民法上は、利息に関する規定はありません。したがって、利息に関する合意がない場合は「無利息」となります。

　しかし、商人間（会社は商人です）において**金銭の消費貸借をしたとき、貸主は法定利息を請求することができます。**法定利率は3年ごとに見直されますが、本書執筆現在では年3%です。

　利息は貸主と借主の合意で決めることができますが、その上限は利息制限法で定まっています。

　この上限利率を超える利息を約定した場合、上限利率を超える部分は無効になります。すでに、上限利率を超える利息を支払っている場合は、過払金として返還を請求できます。

■利息制限法で定められている上限利率

元本の額	利息の上限
10万円未満	20%
10万円以上100万円未満	18%
100万円以上	15%

損害金　172ページ2条

期限が来ても返済してくれないので、これからは年利20％の損害金を支払ってもらいます。

利息制限法では元本100万円以上の場合年利15％が上限なので、20％は違法では？

利息制限法では、債務不履行による賠償額の予定は、上限金利の1.46倍まで認められています。元本100万円であれば年利21.9％まで有効です。

　利息制限法4条1項は「金銭を目的とする消費貸借上の債務の不履行による賠償額の予定は、その賠償額の元本に対する割合が第一条に規定する率の**1.46倍を超えるとき**は、その超過部分について、無効とする。」と規定しています。

　元本100万円以上の場合、損害金を21.9％(15％×1.46)**とする契約も有効**です。ただし、**営業的金銭消費貸借**（債権者が業として行う**金銭を目的とする消費貸借）の損害金は20％が上限**です（7条1項）。

弁済期　172ページ3条

貸している100万円ですが、1週間後に返してください。

　貸金の返済時期（弁済期）は、契約で定めればそれに従うことになります。期限に**一括**で支払うように定める場合と、**分割**で返済していくように定める場合とがあります。

　では、返済時期を定めないとどうなるかというと、民法591条1

項は「当事者が**返還の時期を定めなかったとき**は、貸主は、**相当の期間を定めて返還の催告**をすることができる。」と定めています。

　つまり、貸主は、相当な期間後の返済時期を定めて「返せ」と言えば、その返済時期が弁済期となります。

　「相当な期間」は民法には規定がなく、「取引上一般に必要とされる期間」と解釈されていますが、その期間としては、**平均的な場面では1週間前後**であると考えられています。しかし、多くの場合、1週間後に返せと言われても困ってしまいますから、借主は必ず**弁済期に関する条項**を入れるようにしましょう。

期限の利益の喪失　172ページ4条

本日で、分割返済金が2回、延滞となったので、契約書〇条により、本件融資は期限の利益が喪失されました。
御社は当社から借りている1,000万円全額について、法的には今すぐ返済しないといけない状態となりました。そこで、抵当権を設定させていただいている御社の社長の自宅を競売に付させていただきます。
また、本日から損害金として年20％が付加されます。

　金銭消費貸借契約では、約定で定めた返済期限までは返済をする必要がありません。これを**期限の利益**といいます。

　しかし、債務者たる借入人に一定の事由が発生した場合、即座に全額を返済する義務が生じます。これを**期限の利益喪失**といいます。

　金銭消費貸借契約書には**期限の利益喪失事由**を規定します。裁判所で分割払の和解をする場合も期限の利益喪失条項を入れるのが一般的です。

問題は何回延滞をしたら期限の利益を喪失するとするかです。1回でも延滞となったら期限の利益を喪失する契約書もありますが、借主にはシビアです。**延滞2〜3回で期限の利益喪失とするのが妥当**と思います。

　契約書での規定方法としては、「金員の支払を、2回怠ったとき」と**延滞回数**で規定する方法と、「金員の支払を怠り、その金額が○円に達したとき」など**延滞金額の累計額**で定める方法があります。

　期限の利器が喪失されると、右表のような不利益が借主に生じます。

■借主に生じる不利益

| ①遅延損害金が発生する |
| ②担保を実行される（可能性が生じる） |

印紙

　金銭消費貸借契約書に貼付する必要がある印紙の金額は以下のとおりです。貸主・借主双方で原本を保管するとなると（すなわち原本を2部作成するとなると）この2倍が必要となるので、**原本は1部のみ作成とし、貸主が原本保管、借主がコピーを保管とすることも多い**です。

契約金額		印紙税額
10万円以下のもの		200円
10万円を超え	50万円以下のもの	400円
50万円を超え	100万円以下のもの	1千円
100万円を超え	500万円以下のもの	2千円
500万円を超え	1千万円以下のもの	1万円
1千万円を超え	5千万円以下のもの	2万円
5千万円を超え	1億円以下のもの	6万円
1億円を超え	5億円以下のもの	10万円
5億円を超え	10億円以下のもの	20万円
10億円を超え	50億円以下のもの	40万円
50億円を超えるもの		60万円
金額の記載のないもの		200円

金銭消費貸借契約書

　貸主〇〇株式会社（以下「甲」という。）及び借主△△株式会社（以下「乙」という。）は、以下のとおり契約（以下「本契約」という。）を締結する。

第1条（本契約の効力）

　甲が、乙に対して、本日、金〇万円を貸し渡し、同日乙がこれを借り受けた（以下「本貸付」といい、本貸付に係る金員を「本貸付金」という。）。

第2条（利息及び損害金）

　本貸付の利息及び損害金については、次のとおりとする。

(1)　利率　　　年〇パーセント（年365日の日割計算）

(2)　支払期日　毎月月末

(3)　損害金　　乙は、甲に対し、本契約による弁済をしなかったときは、支払うべき金額に対して年△パーセントの割合（年365日の日割計算）の損害金を支払う。

第3条（弁済期日及び弁済方法）

1　乙は、甲に対し、令和〇年〇月まで、毎月末日限り、金〇円を支払うことにより元金を返済する。

2　乙は、前項の返済金と第2条で定める利息の合計金額を甲の指定する預金口座に振り込む方法で支払う。なお、振込手数料は乙の負担とする。

第4条（期限の利益の喪失）

　乙について次の各号の事由のいずれかに該当した場合には、甲から何らの催告を要することなく、乙は前項の期限の利益を当然に失い、直ちに元利金全額を弁済する。

(1)　前条の金員の支払を2回怠ったとき。

(2)　支払の停止又は破産手続開始、民事再生手続開始、会社更生手続開始若しくは特別清算開始の申立てがあったとき。

(3)　合併によらず解散したとき。

(4)　差押え、仮差押え、仮処分、強制執行若しくは任意競売の申立て、又は租税等の滞納処分を受けたとき。

(5)　電子交換所の取引停止処分を受けたとき。

(6)　その他財産状態が悪化し、又はそのおそれがあると認められる相当の事由があるとき。

第5条（公正証書の作成）

　乙は、甲の請求があるときは、直ちに本契約に基づく債務について強制執行の認諾がある公正証書を作成するために必要な手続をする。このために要した費用は、乙が負担

する。

第6条（費用負担）

　本契約の締結に要する印紙その他の費用は乙の負担とする。

第7条（譲渡等の制限）

　103ページの〈例文〉のとおり。

第8条（反社勢力の排除）

　98ページの〈例文〉のとおり。

第9条（合意管轄）

　111ページの〈例文〉のとおり。

第10条（協議）

　112ページの〈例文〉のとおり。

建築工事を下請に出す
～工事下請基本契約書～

建設業許可

元請業者

この度当社が受注した〇〇ビル建築工事の内装工事を御社にお願いしたいのですが。

下請業者

ありがとうございます。請負代金はいくらでしょうか？

えっ、1,000万円？　残念ながら当社は建設業許可をとっていないので、500万円超の工事は受けられません。

　元請、下請その他いかなる名義をもってするかを問わず、建設工事の完成を請け負う場合、**工事1件の請負代金の額が500万円超の工事（建築一式工事業に係る工事の場合は1,500万円超または延べ面積が150㎡以上の木造住宅工事）である場合は、建設業法に定める建設業許可を有していることが必要**です。

　これに違反をして無許可で軽微な工事ではない建設工事を請け負った場合には、**3年以下の懲役または300万円以下の罰金**という重い罰則が規定されています。また、発注者側に対しては、原則と**して7日以上の営業停止処分**とする旨が国交省の通達で規定されています。

書面主義　180ページ2条

注文書に工事内容と請負代金しか書かれていません。
これでは建設業法19条違反です。

そう堅いこと言いなさんなよ。
たかが10万円の工事だよ。

書面がなくて泣かされるのは下請側ですから、どんなに少額な発注でも建設業法の要件を充たす書面をください。

　建設業法第19条は「建設工事の請負契約の当事者は、前条の趣旨に従って、**契約の締結に際して次に掲げる事項を書面に記載し、署名又は記名押印**をして**相互に交付**しなければならない。」と定め、次ページ表の事項を契約書面に記載することとしています。

　注意すべきは、建設業法19条は**「相互に交付」しなければならない**と規定している点です。

　契約書の場合は、2通作成して双方1通保管とする必要があります。建設業法19条は書面への記載を求めているに過ぎないため、契約書ではなく、注文書及び請書の交換でもかまいませんが、次ページ表内の事項をすべて注文書・請書に記載するのは大変です。

　現実的には、

●基本契約書＋注文書・請書　　●基本契約約款＋注文書・請書

のいずれかの対応となります。

なお、押印によらず、**電子契約**（40ページ参照）の方式とすることも**相手方の同意があれば可能**です。

■ 契 約 書 面 に 記 載 す る 内 容

①工事内容

②請負代金の額

③工事着手の時期及び工事完成の時期

④工事を施工しない日又は時間帯の定めをするときは、その内容

⑤請負代金の全部又は一部の前金払又は出来形部分に対する支払の定めをするときは、その支払の時期及び方法

⑥当事者の一方から設計変更又は工事着手の延期若しくは工事の全部若しくは一部の中止の申出があつた場合における工期の変更、請負代金の額の変更又は損害の負担及びそれらの額の算定方法に関する定め

⑦天災その他不可抗力による工期の変更又は損害の負担及びその額の算定方法に関する定め

⑧価格等の変動若しくは変更に基づく請負代金の額又は工事内容の変更

⑨工事の施工により第三者が損害を受けた場合における賠償金の負担に関する定め

⑩注文者が工事に使用する資材を提供し、又は建設機械その他の機械を貸与するときは、その内容及び方法に関する定め

⑪注文者が工事の全部又は一部の完成を確認するための検査の時期及び方法並びに引渡しの時期

⑫工事完成後における請負代金の支払の時期及び方法

⑬契約不適合責任又は当該責任の履行に関して講ずべき保証保険契約の締結その他の措置に関する定めをするときは、その内容

⑭各当事者の履行の遅滞その他債務の不履行の場合における遅延利息、違約金その他の損害金

⑮契約に関する紛争の解決方法

⑯その他国土交通省令で定める事項

Ⓐ注文書及び請書には、**工事内容、請負代金額、工期その他工事ごとに異なる項目を記載**

Ⓑ基本契約書には、注文書及び請書に記載された事項以外の**建設業法19条の規定項目を記載**

Ⓒ注文書及び請書には、注文書・請書に記載のない事項については基本契約書の定めによることを記載

Ⓓ基本契約書は２部作成し、双方が各１部を保管

Ⓔ**注文書には注文者が、請書には受注者がそれぞれ記名・押印し相手方に交付**

■基本契約約款＋注文書・請書

ⓐ注文書及び請書のそれぞれに、同内容の約款を添付

ⓑ注文書及び請書には、**工事内容、請負代金額、工期その他工事ごとに異なる項目を記載**

ⓒ契約約款には、注文書及び請書に記載された事項以外の**建設業法19条の規定項目を記載**

ⓓ注文書又は請書と約款が複数枚に及ぶ場合は割印又は袋とじ

ⓔ注文書及び請書には、注文書・請書に記載のない事項については約款の定めによることを記載

ⓕ**注文書には注文者が、請書には受注者がそれぞれ記名・押印し相手方に交付**

下請代金の支払時期　180ページ2条、183ページ16条

下請業者

引き渡してから50日経過したのに下請代金を支払ってもらえていません。御社は特定建設業者なので建設業法違反です。建設業法に従い、14.6％の遅延利息も支払ってくださいね。

元請業者

そうは言っても、当社もまだ施主から払ってもらえていないので苦しくて……。

建設業許可の一種である「特定建設業」とは、1件の建設工事につき4,000万円以上（建築一式工事の場合は6,000万円以上）の工事を下請に出そうとする建設業者（元請業者）に取得が義務付けられている許可資格です。

　元請業者が特定建設業者である場合には、下請業者からの引渡しの申出があった日から起算をして50日を経過する日以前において、かつ、できる限り短い期間内において支払いをしなければいけません（建設業法24条の6）。これに違反した場合、元請業者は50日を経過した日から14.6%の割合による遅延利息を支払わなければなりません（同条4項）。

下請法・フリーランス法との関係　第4章114～128ページ

公正取引委員会

> 貴社が○○建設に△△ビルの設計を下請に出しましたが、下請法3条で規定する書面がありませんね。下請法違反です。

元請業者

> 建設業に下請法は適用されないのでは？

公正取引委員会

> 建設業者に適用されないのではなく、建設工事に適用されないのです。貴社は建設業者ですが、設計は建設工事ではありません。

下請法と建設業

　建設業を営む者が、業として請け負った「建設工事」を、他の建設業を営む者に請け負わせる場合には、下請法の適用はありません。その代わり建設業法が適用されます。

　一方、**「建設工事」ではない取引については、たとえ建設業を営**

む者が他の建設業を営む者に委託をしたとしても、**建設業法の適用はありません。**建設工事でないその他の取引の例としては右表があります。

■その他の取引の例

- ・建設資材の製造
- ・設計業務
- ・建築確認申請業務
- ・測量業務　など

フリーランス法と建設業

　フリーランス法は建設業にも適用されます。社会保険加入を逃れるため職人を雇用契約ではなく、いわゆる一人親方として使っている工務店も多いですが、この場合、同法の対象となります。

印 紙

　取引基本契約書の場合は、継続的取引の基本となる契約書なので**4,000円**の印紙の貼付が必要です。

　個別契約の成立を証する書面である請書や個別契約書には、その契約金額に応じて以下の金額の印紙が必要です。

契約金額		本則税率	軽減税率
100万円以下のもの		200円	200円
100万円を超え	200万円以下のもの	400円	200円
200万円を超え	300万円以下のもの	1千円	500円
300万円を超え	500万円以下のもの	2千円	1千円
500万円を超え	1千万円以下のもの	1万円	5千円
1千万円を超え	5千万円以下のもの	2万円	1万円
5千万円を超え	1億円以下のもの	6万円	3万円
1億円を超え	5億円以下のもの	10万円	6万円
5億円を超え	10億円以下のもの	20万円	16万円
10億円を超え	50億円以下のもの	40万円	32万円
50億円を超えるもの		60万円	48万円
金額の記載のないもの		200円	200円

※建設工事の請負に係る契約に基づき作成されるもので、平成26（2014）年4月1日から令和9（2027）年3月31日までの間に作成されるものは**軽減税率**が適用されます（令和9〈2027〉年4月以降については本書執筆時点では未定）。

工事下請基本契約書

　○○建設株式会社（以下「甲」という。）と△△建設株式会社（以下「乙」という。）とは、甲が甲の顧客から請け負った工事（以下「元請工事」という。）のうちの一部の工事（以下「本工事」という。）を乙に注文する請負契約に関し、次のとおり工事下請基本契約（以下「本契約」という。）を締結する。

第1条（適用範囲）

1　本契約は、甲と乙との間で締結する一切の請負契約（以下「個別契約」という。）に適用する。
2　個別契約において、本契約の各条項と異なる内容のものを定めた場合は、個別契約が優先する。

第2条（個別契約の成立）

1　個別契約は、甲が発行する工事別の注文書に対し、乙が甲に注文請書を提出したときに成立する。
2　甲は前項の注文書に、工事内容、請負代金の額、請負代金の支払時期及び支払方法、工事着手の時期及び工事完成の時期を記載する。

第3条（工事の完成義務）

　乙は、本契約及び注文書・設計図書などの取り決め約定に基づき工事を完成し、これを甲に引き渡さなくてはならない。

第4条（労務の安全管理）

　乙は、工事の施工にあたって、事業者として作業員の災害防止に万全を期すと共に労務管理の徹底を図る。

第5条（労災の適用）

1　乙は、従業員以外（事業者及び役員等）の者を個別契約当該現場に赴任させる場合、事前に受領確認済み労災特別加入申請書の写しを甲に提示し、許可を受ける。
2　前号以外の場合は、甲が加入する労災保険を適用する。但し、被災者側に故意または、重大な過失があると認定された場合は、これの限りではない。

第6条（請負代金内訳書及び工程表）

1　乙は、甲が要求した場合には、設計図書に基づく請負代金内訳書、工事計画書及び工程表を作成し、契約締結後すみやかに甲に提出して、その承認を受ける。
2　請負代金内訳書には、健康保険、厚生年金保険及び雇用保険に係る法定福利費を明示するものとする。

第7条（関連工事との調整）

1　甲は、本工事を含む元請工事を円滑に完成するため関連工事（元請工事のうち本工事と施工上関連のある工事をいう。）との調整を図り、必要がある場合は、乙に対して指示を行う。この場合において本工事の内容を変更し、又は工事の全部若しくは一部の施工を

一時中止したときは、甲及び乙は協議して工期若しくは請負代金額又はその双方を変更することができる。

2　乙は、関連工事の施工者と緊密に連絡協調を図り、元請工事の円滑な完成に協力する。

第8条（設計、施工条件の疑義、相違等）
1　乙は、次の各号のいずれかに該当することを発見したときは、直ちに書面をもって甲に通知する。
　(1)　図面若しくは仕様書の表示が明確でないこと、又は図面と仕様書に矛盾、誤謬又は脱漏があること
　(2)　工事現場の状態、地質、湧水、施工上の制約などについて、設計図書に示された施工条件が実際と相違すること
　(3)　工事現場において、土壌汚染、地中障害物、埋蔵文化財の発見等その他施工の支障となる予期することのできない事態が発生したこと
2　乙は、図面若しくは仕様書によって施工することが適当でないと認めたときは、直ちに書面をもって甲に通知する。
3　前2項の場合において、工事の内容、工期又は請負代金額を変更する必要があると認められるときは、甲乙協議の上定める。

第9条（第三者損害）
1　本工事の施工のために第三者に損害を及ぼしたときは、乙がその損害を賠償する。ただし、その損害のうち甲の責めに帰すべき事由により生じたものについては、甲の負担とする。
2　前項本文の損害賠償金を甲が第三者に対し支払った場合、甲は乙に対し求償することができる。

第10条（施工一般の損害）
1　工事の完成・引渡までに、本工事対象の建物（以下、「本建物」という。）、工事材料、建築設備の機器その他施工一般について生じた損害は、次項に定める場合を除き乙の負担とする。
2　前項の損害のうち、次の各号のいずれかの場合に生じたものは、甲の負担とする。この場合、乙は、甲に対し、その理由を明示して必要と認められる工期の延長を求めることができる。
　(1)　甲の都合によって、着手期日までに工事に着手できなかったとき、又は工事を繰り延べ若しくは中止したとき
　(2)　前払又は部分払が遅れたため、乙が工事に着手せず又は工事を中止したとき
　(3)　その他甲の責めに帰すべき事由によるとき
　(4)　乙が善良な管理者としての注意を払っても避けることのできない事由（天災その他不可抗力を含む。）により損害が生じたとき

第11条（支給材料、貸与品）
1　甲よりの支給材料または貸与品のある場合には、その受渡期日および受渡場所は甲と乙の協議の上決定する。

2 乙は、支給材料または貸与品の受領後すみやかに検収するものとし、不良品については甲に対し交換を求めることができる。
3 乙は支給材料または貸与品を善良な管理者として使用または保管する。

第12条（完成・検査、引渡し）
1 乙は、工事を完了したときは、速やかに甲に検査を求め、甲は、速やかにこれに応じて、乙の立会いの下、検査を行う。
2 前項の検査の結果、工事が完成していないことが発見されたときは、乙はすみやかに未完成部分を工事し完成させる。
3 乙は、前2項の検査完了後、注文書記載の工事完了日までに本建物を甲に引き渡す。

第13条（担保責任）
1 甲は、本工事が、平面図、配置図、仕様書等の記載に適合しないものであるとき（以下「契約不適合」という。）は、乙に対し、本工事の修補その他の履行の追完を請求することができる。
2 契約不適合が甲の責めに帰すべき事由によるものであるときは、甲は、前項の規定による請求をすることができない。
3 甲は、甲の供した材料の性質又は甲の与えた指図によって生じた契約不適合を理由として、本条第1項の規定による請求、本契約又は法令の規定による損害賠償の請求及び契約の解除をすることができない。ただし、乙がその材料又は指図が不適当であることを知りながら告げなかったときは、この限りでない。
4 甲が、契約不適合を知った時から1年以内にその旨を乙に通知しないときは、甲は、その契約不適合を理由として、本条第1項の規定による請求、本契約又は法令の規定による損害賠償の請求及び契約の解除をすることができない。
5 第4項の規定にかかわらず、住宅のうち構造耐力上主要な部分又は雨水の浸入を防止する部分として住宅の品質確保の促進等に関する法律施行令第5条第1項及び第2項に定めるものの契約不適合（構造耐力又は雨水の浸入に影響のないものを除く。）については、甲は、引渡しの日から10年間、乙に対し、本条第1項から第3項までの規定による請求、本契約又は法令の規定による損害賠償の請求及び契約の解除をすることができる。

第14条（工事の変更等）
1 甲は、必要があると認めるときは、工事を追加し、又は変更することができる。
2 甲は、必要があると認めるときは、乙に工期の変更を求めることができる。
3 前2項により、乙に損害を及ぼしたときは、乙は、甲に対してその補償を求めることができる。
4 乙は、本契約に別段の定めのあるほか、工事の追加・変更、不可抗力、関連工事の調整、近隣住民との紛争その他正当の理由があるときは、甲に対してその理由を明示して必要と認められる工期の延長を請求することができる。

第15条（請負代金額の変更）
次の各号のいずれかに該当するときは、当事者は、相手方に対して、その理由を明示して必要と認められる請負代金額の変更を求めることができる。

(1) 工事の追加・変更があったとき

(2) 工期の変更があったとき

(3) 関連工事の調整に従ったために増加費用が生じたとき

(4) 契約期間内に予期することのできなかった法令の制定・改廃、経済事情の激変などによって、請負代金額が明らかに適当でなくなったと認められるとき

(5) 中止した工事又は災害を受けた工事を続行する場合において、請負代金額が明らかに適当でないと認めるとき

第16条（履行遅滞・違約金）

1 乙の責めに帰すべき事由により、本契約に定める引渡期限までに本建物を引き渡すことができないときは、甲は、乙に対し、延滞日数に応じて、請負代金額に対し年14.6パーセントの割合で計算した額の違約金を請求することができる。

2 甲が本契約に定める期限までに請負代金の支払を完了しないときは、乙は、甲に対し、延滞日数に応じて、支払遅滞額に対し年14.6パーセントの割合で計算した額の違約金を請求することができる。

3 甲が前払又は部分払を遅滞しているときも、前項の規定を適用する。

第17条（甲の中止権・解除権）

1 甲は、必要に応じ、自己都合による中止又は解除であることを明確にした書面をもって乙に通知して、工事を中止し又は本契約を解除することができる。この場合、甲は、これによって生じる乙の損害を賠償する。

2 次の各号のいずれかに該当するときは、甲は、書面をもって乙に通知して工事を中止し又は本契約を解除することができる。この場合、甲は、乙に対し、損害の賠償を請求することができる。

(1) 乙が正当な理由なく、本契約に定める工事着手の日を過ぎても工事に着手しないとき

(2) 工事が正当な理由なく工程表より著しく遅れ、工期内に乙が工事を完成する見込がないと明らかに認められるとき

(3) 前2号のほか、乙が本契約に違反し、その違反によって本契約の目的を達することができないと認められるとき

(4) 乙が建設業の許可を取り消されたとき又はその許可が効力を失ったとき

(5) 乙の支払停止（資金不足による手形、小切手の不渡り等）などにより、乙が工事を続行することができないおそれがあると認められるとき

3 甲は、書面をもって乙に通知して、前2項で中止された工事を再開することができる。なお、その場合においても、乙は、第1項で規定する損害賠償請求をすることを妨げられない。

4 第1項により中止された工事が再開された場合、必要と認められる範囲で工期が延長されるものとする。

5 本条第1項及び第2項に定めるほか、乙がその債務を履行しない場合は、甲は、民法の定めに従い、本契約を解除することができる。

第18条（乙の中止権・解除権）

1　次の各号のいずれかに該当するときは、乙は、工事を中止することができ、甲に対し書面をもって相当の期間を定めて催告してもなお是正されないときは、本契約を解除することができる。ただし、第4号の場合は、乙は、何らの通知催告を要せずに、本契約を解除することができる。

(1)　甲が前払又は部分払を含めその支払を遅滞したとき

(2)　甲が正当な理由なく本契約に定める協議に応じないとき

(3)　甲が本契約に違反し、その違反によって本契約の履行ができなくなったと認められるとき

(4)　甲の支払停止（資金不足による手形、小切手の不渡り等）などにより、甲が請負代金の支払能力を欠くと認められるとき

2　前項により工事を中止した場合で、前項に定める事由が解消したときは、乙は、工事を再開する。

3　第1項により中止された工事が再開された場合、必要と認められる範囲で工期が延長されるものとする。

4　本条第1項に定めるほか、甲がその債務を履行しない場合は、乙は、民法の定めに従い、本契約を解除することができる。

第19条（解除に伴う措置）

1　本契約が解除されたときは、甲乙協議の上、甲又は乙に属する物件について、期間を定めてその引渡し（引取り）、後片付けなどの処置を行う。

2　前項の処置が遅滞している場合において、相手方がその当事者に催告してもなお正当な理由なく当該処置が行われないときは、相手方は、その当事者に代わってこれを行い、その費用を当事者に請求することができる。

第20条（損害賠償）

　本契約に定めるほか、甲又は乙がその債務を履行しない場合、相手方は、その当事者に対し、民法の定めに従い、損害賠償を請求することができる。

第21条（契約期間）

　本契約の有効期間は、本契約締結日に始まり最初に到来する3月31日に終了する1ヶ年又はそれより短い期間とする。ただし、契約期間満了の1ヶ月前までに甲乙いずれかから本契約終了の意思表示がない限り、自動的に期間満了の翌日から1年間延長されるものとし、以後同様とする。

第22条（紛争の解決）

　この契約について、紛争が生じたときは、東京地方裁判所を第一審管轄裁判所とし、または裁判外の紛争処理機関によって、その解決を図るものとする。

第23条（協議）

　112ページの〈例文〉のとおり。

第6章

代表的事例から
ポイントをつかむ
〈後編〉

～システム・業務委託・
株式・雇用・機密保持・
利用規約～

前編に続き、後編でも「法的トラブルになりがちな事例」を取り上げながら解説していきます。取引相手と合意したい内容を、しっかり記載していきましょう。

システムを作る
～システム開発契約書～

システム開発契約の基本事項

ユーザー

（開発の途中で）○○の機能もないと困ると現場が言っているので、追加で作ってください。

ベンダー

それは契約範囲外です。

別契約を締結いただければ対応します。

開発手法

システム開発モデル（開発の手法のこと）としては、伝統的に**ウォーターフォールモデル**という開発モデルが主流です。

この開発モデルにおいては、要件定義→外部設計（基本設計）→内部設計（詳細設計）→製造（プログラミング／コーディング／単体テスト）→結合テスト→システムテスト→運用テストといった工程を、"水が高い所から低い所に滝のように流れる"

■ウォーターフォールモデル

- 要件定義
- 外部設計
- 内部設計
- プログラム製造
- 単体テスト
- 結合テスト
- システムテスト
- 導入・受入支援
- 運用テスト

ごとく上流工程から下流工程へ順次実施していきます。

　各工程が逐次実施され、前工程への手戻りが少ないことから、**工程の進捗が管理しやすい**点がこのモデルのメリットです。一方で、**小回りが利かず、後戻りが大変**といったデメリットがあります。

　ウォーターフォールモデルの弱点を克服するために考案されたモデルの1つが、**アジャイル開発モデル**です。

■アジャイル開発モデル

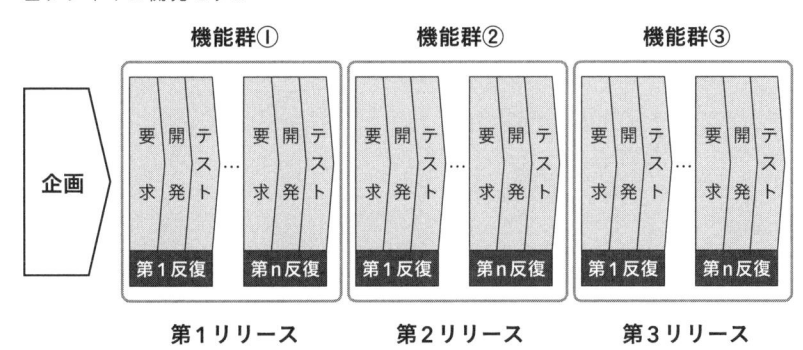

アジャイル開発モデルでは、開発対象となるシステムを機能ごとの小さな単位に分割します。そして、要求→開発→テストといった工程を、分割した単位内で反復的に行い機能ごとに追加開発していくことで、最終的にシステム全体の開発を行います。

　小回りが利き、ユーザーのニーズに的確に対応したシステムを構築しやすいという点がこのモデルのメリットです。一方で、小さな反復を繰り返す性質上、**大規模なシステム開発には向かず、工程の進捗管理も難易度が高い**ため、まだ**普及途上**です。

　そこで、本書の以下の説明は、ウォーターフォールモデルを前提に進めることとします。

契約の単位

ウォーターフォールモデルの場合、全工程（要件定義、外部設計〈基本設計〉、内部設計〈詳細設計〉、製造〈プログラミング／コーディング／単体テスト〉、結合テスト、システムテスト、運用テストなど）を**1本の契約で契約する場合と複数の工程に分けて契約をする場合**があります。

「要件定義」が完了しないと、どのようなシステムを作るのか決まらないので、本来は正確な見積りはできません。そこで、工数の上ぶれ／下ぶれリスクを排除するためには、少なくとも要件定義工程は別契約とすることが望ましいですが、小さな開発案件では、工数の上ぶれ／下ぶれリスクも限定的なので、全工程を1本の契約で契約することも多いです。

■システム開発契約の代表的な分割方法

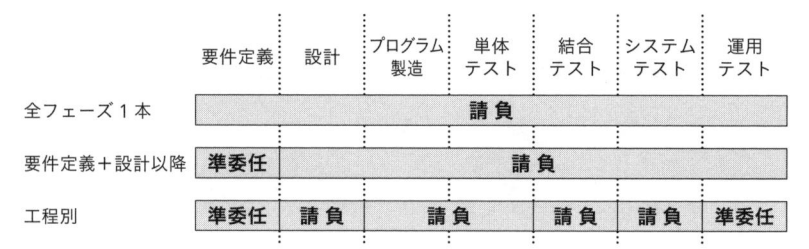

	要件定義	設計	プログラム製造	単体テスト	結合テスト	システムテスト	運用テスト
全フェーズ1本	請負						
要件定義＋設計以降	準委任	請負					
工程別	準委任	請負	請負		請負	請負	準委任

拠るべき仕様

システム開発では**「仕様通りにできていない！」という紛争が一番多い**です。したがって、契約書においても、できる限り「拠るべき仕様」を明確にしておくべきです。要件定義が完了している場合は右のような条項を設ければよいでしょう。

しかし、全工程で1本の契約の場合はそのようにはいきません。それで

> **第○条（本件システム）**
>
> 本件システムは、「○○○システム要件定義書」記載の要件を実現するものとする。

も、トラブル防止のため、下のような条項を設けて、**作り込むシステムの機能をできる限り別紙に詳細に書き出す**ことをお勧めします。機能概要は詳細であればあるほどよいです。

第〇条（本件システム）
本件システムの機能は、別紙機能概要書のとおりとする。

契約書の本紙に3行程度書いてあるだけの契約書をよく見かけますが、トラブルになった場合に火種になります。契約書でシステムの機能がわからない場合は、トラブルになった際、契約に至る過程の、議事録、メールやプレゼンテーション資料で契約対象となった機能を確定することになります。それは大変な作業ですし、喰い違いが生じることも多いので極力避けましょう。

請負契約／準委任契約　197ページ2条

当初の見積もりでは50人／月でしたが、実際には70人／月かかりました。ついては、20人／月分、2,000万円を追加で支払ってください。

本件は請負契約なので、増加した工数は受注者である御社が負担をすべきです。

いや、本件は準委任契約ですから、増加分は御社が負担してください。

請負契約と準委任契約の違い

システム開発契約は**請負契約**の形態をとる場合と**準委任契約**の形態をとる場合があります。請負契約は、当事者の一方がある仕事を完成することを約し、相手方がその結果に対して報酬を支払うこと

を約する契約、準委任契約は、当事者の一方が事務（事実行為）を委託し、相手方がそれを受託する契約です。**完成を約していれば「請負」、作業はするが完成までは約していない場合は「準委任」**です。

　両者の大きな違いは、システムが想定どおりの工数で完成しなかった場合に、受託者（システム開発会社）が責任を負うか否かです。

　請負契約であれば、進捗がどうであれ開発会社は歯を喰いしばり、赤字になっても人を投入しなければなりません。

　一方、準委任契約であれば、工数が膨らめば、その費用は発注者（ユーザー）が負担しなければなりません。この膨らんだ工数をどちらが費用負担するかが、請負か準委任かで決まってくるのです。

請負契約と準委任契約の見分け方

　請負契約か準委任契約かの見分け方ですが、「請負契約」と書いてあれば請負契約というわけではなく、**内容全体で判断**されます。

　法律に詳しくない人が、他社の契約書を継ぎ接ぎにコピーして作った契約書であれば、内容は準委任なのに、タイトルには請負契約と書いてあることがあります。その判断要素は次のとおりで、複数の判断要素から総合的に請負か準委任かを判断します。

■請負・準委任の判断要素

	請負契約と判断する要素	準委任契約と判断する要素
仕事の完成	完成する仕事（システム）が具体的となっている	完成する仕事（システム）が明確となっていない
代金額	報酬が工数に関係なく決められている	投入した人月に応じて代金が決まることとなっている
支払条件	完成したら代金を支払うこととなっている	作業をやれば、代金を支払うこととなっている
契約不適合責任	あり	なし
検収	あり	なし
契約書の表題	請負契約書	業務委託契約書

納期　197ページ3条

6月に本番稼働の予定でしたが、開発の進捗が遅れているので9月まで延期させてください。

本件は請負契約なので、御社に6月までに本番稼働をさせる法的な義務があります。9月まで延期になるなら現行システムの維持費用月100万円の3ヶ月分300万円を賠償してください。

　請負契約の場合、納期までに仕事を完成することを約しています。**納期遅れは債務不履行として損害賠償の対象**となるため重要です。

再委託　197ページ5条

〇〇という会社に、当社に断りなく再委託しましたね。それは契約違反なので、〇〇への再委託は今すぐにやめてください。

契約書には、どこにも「再委託禁止」とは書かれていませんよ。

本件は準委任契約なので、契約書に特段の記載がない場合、原則「再委託禁止」です。

　システム開発では、受託したシステム開発会社が、仕事の一部（場合によっては全部）を他のシステム開発会社に再委託に出すことが通例といっても過言ではありませんが、再委託先の①**能力不足**リスク、②**情報漏えい**リスク、③**倒産**リスクがあります。

　法的には、準委任契約では、再委託には委託者の許諾が必要なのが原則であり（民法644条の2）、一方、請負契約であれば、再委託

は受託者の自由であるのが原則です。しかし、**原則より合意（契約）が優先**されます。

　再委託が通例である一方、リスクもあるので、一切再委託不可、または再委託自由のようなルール決めは好ましくありません。

　現実的には、①再委託にはユーザーの承認が必要としたうえで、ユーザーには**再委託の承諾を拒否する場合、書面でその理由を通知させる**、または②再委託は自由としたうえで、結果の**報告義務**を受託者（システム開発会社）に課し、再委託先が好ましくない場合は、事後的にユーザーから**再委託の中止**を求めることができる、のいずれかが妥当です。

協働と役割分担　198ページ6条

（システム開発が頓挫した後）

開発が失敗したのは御社がちゃんと仕様を提示しなかったからです。損害賠償を請求します。

当社は発注者であって、代金の支払い以外責任はありません。

それは違います。受託開発は発注者の仕様提示がなければ、我々システム開発会社は開発できません。仕様提示は発注者の義務です。

　システム開発のうち、いわゆる受託開発は、ユーザーの業務をシステムで処理可能とするものです。その業務はユーザーごとに異なるので、**要件定義書の確定にはユーザーの積極的参加が必須ですが**、往々にしてそれを理解していないユーザーがいます。

一方、プロとしてシステム開発会社は、開発がうまくいくように
ユーザーを導かなければなりません。本書では深入りをしません
が、システム開発会社には**プロジェクトマネジメント義務**があります。

　そこで、ユーザー、システム開発会社、双方の自覚を高め、双方
が法的責任を負うことを明確にするため、契約書で**協働と役割分担**
について明確化をしておくべきです。

契約不適合責任　200ページ15条

夜間バッチの処理時間が長すぎて、朝9時になってもオン
ラインが立ち上がりません。直してください。

仕様書に夜間バッチの処理時間は書いてありませんから、
当社が責任を負う話ではありません。お困りなのはわかる
ので、別料金で直します。

当社が朝9時から業務を行っていることは御社も知っている
のですから、9時にオンラインが立ち上がるのは仕様書にな
くても当然の前提です。契約不適合なので直してください。

　契約不適合責任とは、請負契約の仕事の目的物について、**その種**
類または品質が契約の内容に適合しないときに、請負人が負うこと
になる責任です。「適合しない」とは、「その物が備えるべき性能、
品質、数量を備えていない」という場合に限らず、**「当事者の合意、**
契約の趣旨および性質」に照らして適合しない場合を含みます。シ
ステム開発では、仕様書（要件定義書）に適合しない場合がその代表
例ですが、それに限りません。

契約不適合責任の適用

　契約不適合責任が問題となるのは**請負契約**の場合です。準委任契約では仕事の完成を約していないからです。

　さらに、請負契約においても契約不適合責任が適用されるのは**仕事が完成した後**です。そして、「仕事が完成した」とは、**最後の工程まで完了したこと**をいいます。

　仕事が完成する前であれば、債務不履行の一般原則が適用されます。例えば、システムテストのフェーズで不良があまりに多く発覚し、かなりの手戻りが発生したとします。しかし、システムテストフェーズはシステムの完成前なので契約不適合にはなりません。テストフェーズにおいて品質が悪い場合は結果として納期を守れなくなり、履行遅滞としての**債務不履行**責任を負うことになります。

　なお、契約不適合責任は問題とならない準委任契約では、品質不良の原因がシステム開発会社がプロとしてやるべきことをやっていなかった点にある場合、**善管注意義務違反**としてシステム開発会社が責任を負うことがあります。

■請負契約では契約不適合責任が問題となる

	最後の工程	
	完了前	完了後
請負	債務不履行	契約不適合責任
準委任	善管注意義務違反	

契約不適合責任の効果と追及できる期間

民法637条1項

注文者がその不適合を**知った時から一年以内にその旨を請負人に通知**しないときは、注文者は、その不適合を理由として、履行の追完の請求、報酬の減額の請求、損害賠償の請求及び契約の解除をすることができない。

　契約不適合責任を理由に発注者が受注者へ請求できる効果は、**①追完請求（修補請求）**、**②損害賠償**、**③解除**、**④代金減額請求**の4つです。

民法637条１項では前ページ下表のように規定しているため、契約不適合責任を行使するには、**不適合を「知ってから」１年以内に請負人に、不適合の旨を通知する必要があります。**

　しかし、不適合を発注者が知るのは、いつかはわかりません。データの蓄積による不具合の動作などは、システム稼動後、数年経って初めて発覚することがあります。仮に５年経ってから不具合が発覚した場合、システム稼働の６年後までに受注者に通知をすればよいことになります。

　しかし、それではシステム開発会社が責任を負う可能性がある期間があまりに長いので、**検収合格から１年以内に通知をした場合のみ契約不適合責任を問えるとする契約が多い**ようです。

■検収合格から１年と不適合を知ってから１年の違い

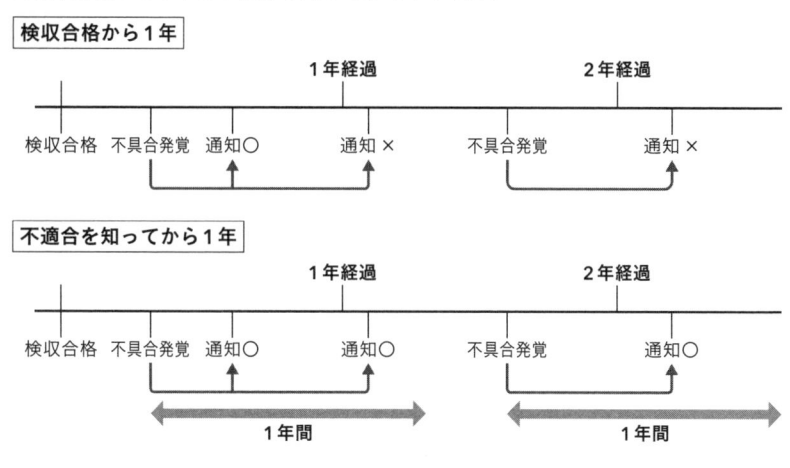

著作権　201ページ16条

　システム開発には著作権が極めて重要です。必ず、著作権の扱い

について規定してください。著作権の詳細は72ページを参照ください。

損害賠償の上限　201ページ18条

御社が作ったシステムが昨日1日立ち上がらなかったので、2億円、売上が逸失してしまいました。よって2億円の損害賠償を請求します。

御社のシステムは1億円で受託しています。したがって、契約書〇条により当社が損害賠償責任を負う上限金額は1億円です。

　システムの不具合により生じる損害は、ケースによっては莫大な金額となります。そこで、システム開発会社が負担をする損害賠償額について**上限額**を契約書で定めることがよくあります。

　これは交渉マターです。ユーザーであれば、**損害賠償の制限条項をできるだけ撤廃**するように、**システム開発会社**であれば、**制限の度合いができるだけ大きく**なるよう（賠償額を減らすよう）に交渉しましょう。

印紙

　請負契約の場合は179ページの**本則税率**に応じた印紙が必要です。準委任契約の場合は、印紙は不要です。

　ただし、元請企業・下請企業間で、繰り返し取引を行うために、システム開発契約の取引基本契約書を交わす場合は継続的取引の基本となる契約書として**4,000円**の印紙が必要です。

○○システム開発委託契約書

　○○株式会社（以下、「甲」という。）と○○株式会社（以下、「乙」という。）は、甲が、甲の○○システムのコンピュータソフトウェア（以下、「本件システム」という。）の開発にかかる業務（以下、「本件業務」という。）を乙に委託し、乙はこれを受託することに関し、以下のとおり、契約（以下、「本契約」という。）を締結する。

第1条（本件システム）

　本件システムの機能は、別紙機能概要書のとおりとする。

第2条（請負契約）

　本契約は、請負契約であり、乙は本件システムを次条記載の日までに完成させることを約する。

第3条（納期）

　本件システムは、令和○年○月○日までに本番稼働するものとする。

第4条（請負代金及びその支払方法）

1　本契約に基づいて、甲が乙に対して支払う請負代金額は金○○円（消費税を除く）とする。

2　前項の請負代金は以下のとおりに分割して、甲が乙に対して支払う。

着手金　○○円（消費税を除く）　支払期限　令和○年○月○日

中間金　○○円（消費税を除く）　支払期限　仕様書確定後7日以内

最終金　○○円（消費税を除く）　支払期限　検収後7日以内

3　前項の支払は、甲が乙の指定する預金口座に振り込む方法で行う。但し、振込手数料は甲の負担とする。

4　本件業務の遂行に必要な旅費交通費、器具・備品、消耗品等にかかる費用はすべて乙が負担するものとし、乙は甲に対し第1項で定めた請負代金以外の費用を請求できないものとする。

第5条（再委託）

1　乙は、事前の甲の書面による承諾がある場合に限り、本件業務の一部を第三者に再委託することができる。

2　甲が前項の承諾を拒否するには、合理的な理由を要するものとする。

3　乙が、第1項の承諾に関して、甲に対して再委託開始時期の○日前までに当該再委託先の名称及び住所等を記載した書面による再委託承諾申請を通知し、甲から当該通知受領後○日以内に具体的理由を明記した書面による承諾拒否の通知がない場合、甲は当該再委託を承諾したものとみなす。

4　乙は当該再委託先との間で、再委託にかかる業務を遂行させることについて、本契約に基づいて乙が甲に対して負担するのと同様の義務を、再委託先に負わせる契約を

締結するものとする。

5　乙は、再委託先の履行について甲に帰責事由がある場合を除き、自ら業務を遂行した場合と同様の責任を負うものとする。但し、甲の指定した再委託先の履行については、乙に故意又は重過失がある場合を除き、責任を負わない。

6　第1項の承諾がある場合でも、再委託先がさらに第三者に再委託をすることはできない。

第6条（協働と役割分担）

1　甲及び乙は、本件システムの構築には、甲による要件の提示と、乙の有するシステムに関する技術及び知識の提供並びにプロジェクトマネジメントの遂行が必要であり、甲と乙の双方の作業が必要とされることを認める。

2　甲及び乙は、各自の実施すべき分担作業を遅延し又は実施しない場合、それにより相手方に生じた損害の賠償も含め、かかる遅延又は不実施について相手方に対して責任を負うものとする。

第7条（責任者）

1　甲及び乙は、それぞれ本件業務に関する責任者を選任し、本契約締結後速やかに相手方に通知するものとする。

2　甲及び乙は、責任者を変更する場合は、事前に書面により相手方に通知しなければならない。

3　甲及び乙の責任者は、本契約に定められた甲及び乙の義務の履行その他本件業務の遂行に必要な意思決定、指示、同意等をする権限及び責任を有する。

第8条（仕様書）

1　本件システムの仕様書を乙が作成するにあたり、乙は甲に要件の提示を求めるものとし、甲は乙の求めに応じて要件を提示しなければならない。

2　乙が仕様書の作成を完了した場合、甲は、仕様書の記載内容が本件システムの仕様書として必要事項を満たしていることを確認し、確認できた場合は、甲乙双方の責任者が承認するものとする。

第9条（変更管理手続）

1　甲又は乙は、仕様書の確定後に、仕様書に記載された仕様等の変更を必要とする場合は、相手方に対して、「変更提案書」を交付する。変更提案書には次の事項を記載するものとする。

　（1）　変更の名称

　（2）　提案者

　（3）　提案の年月日

　（4）　変更の理由

　（5）　変更にかかる仕様を含む変更の詳細事項

　（6）　変更のために費用を要する場合はその額

　（7）　変更作業のスケジュール

（8）　その他変更が本契約の条件（作業期間又は納期、請負金額、契約条項等）に与える影響

2　甲又は乙が相手方に「変更提案書」を交付した場合、変更の可否について甲と乙とで協議を行うものとする。

3　前項の協議の結果、甲及び乙が変更を可とする場合は、甲乙双方の責任者が、変更提案書の記載事項を承認するものとする。

4　前項による甲乙双方の承認をもって、変更が確定するものとする。但し、変更が本契約書の記載事項に影響を及ぼす場合は、変更契約を締結したときをもって変更が確定するものとする。

第10条（資料の提供・管理等）

1　乙は、甲に対し、本件業務の遂行に必要な資料等について、開示を求めることができる。甲が資料等の提供を拒み、若しくは遅延したことにより、又は当該資料の内容に誤りがあったことにより生じた本件業務の履行遅滞等の結果について、乙は一切の責任を負わないものとする。

2　乙は、甲から提供された本件業務に関する資料等を善良な管理者の注意をもって管理、保管し、かつ、本件業務以外の用途に使用してはならない。

3　乙は、甲から提供された本件業務に関する資料等を本件業務遂行上必要な範囲内で複製又は改変できる。

4　甲から提供を受けた資料等（前項による複製物及び改変物を含む。）が本件業務遂行上不要となったときは、乙は遅滞なくこれらを甲に返還又は甲の指示に従った処置を行うものとする。

5　乙は、乙の従業員にテレワークで本件業務を遂行させる場合は、甲から提供された本件業務に関する一切の資料及び成果物が、従業員の私物である情報機器に書き込まれないようにしなければならない。

第11条（秘密情報）

1　甲及び乙は、本件業務において相手方から開示された文書、写真、口頭及びその他形態を問わずあらゆる情報及び資料（それらの複製物を含む。）並びにこれらの情報及び資料を基に作成した情報及び資料（以下、「秘密情報」という。）についてはこれを厳重に管理するものとし、第三者に開示・漏えいしないものとする。但し、次の各号のいずれかに該当するものについてはこの限りでない。

　（1）　相手方から知り得た時点で既に公知又は公用であるもの。

　（2）　相手方から知り得た時点で既に自己が所有していたもの。

　（3）　正当な権限を有する第三者から、秘密保持義務を負わずに適法に知り得たもの。

　（4）　相手方から知り得た後に自己の責めによることなく公知又は公用となったもの。

　（5）　秘密情報に依拠せず独自に創出したもの。

2　甲及び乙は、秘密情報につき、裁判所又は行政機関から法令に基づき開示を命じられた場合は、開示を命じられた部分に限り、当該裁判所又は行政機関に対して当該秘密情報を開示することができる。

3　本条の規定は、本契約終了後、○年間存続する。

第12条（個人情報）

1　乙は、本件業務の遂行に際して甲より取扱いを委託された個人情報（個人情報の保護に関する法律に定める個人情報をいう。以下本条において同じ。）を適切に管理し、他に漏えいし又は公開してはならない。

2　乙は、個人情報について、本契約の目的の範囲内でのみ使用し、本契約の目的の範囲を超える複製、改変が必要なときは、事前に甲から書面による承諾を受けるものとする。

3　個人情報の提供及び返却等については、第10条（資料の提供・管理等）を準用する。

4　本条に基づく義務は、本契約終了後も存続する。

第13条（納入）

乙は甲に対し、第3条で定める期日までに、以下の物を納入する。
　　　・オブジェクトプログラム
　　　・ソースプログラム
　　　・仕様書

第14条（検収）

1　甲は、納入物を受領後14日以内に、納入されたプログラムが仕様書通りに稼働することを検査する。

2　甲は、納入物が前項の検査に合格する場合、検査合格書を乙に交付するものとする。又、甲は、納入物が前項の検査に合格しないと判断する場合、乙に対し不合格となった具体的な理由を明示した書面を速やかに交付し、修正を求めるものとし、乙は不合格理由が認められるときには、甲と乙とで、協議の上定めた期限内に無償で修正して甲に納入するものとする。

3　検査合格書が交付されない場合であっても、検査期間内に甲が書面で具体的かつ合理的な理由を明示して異議を述べない場合は、納入物は、本条所定の検査に合格したものとみなされる。

4　本条所定の検査合格をもって、納入物の検収完了とし、納入物の引渡しが完了したこととする。

第15条（契約不適合責任）

1　前条の検査完了後、納入物についてシステム仕様書との不適合（以下本条において「不適合」という。）が発見されたとき、甲は乙に対して当該不適合の修正を請求することができ、乙は、当該不適合を修正するものとする。

2　甲は、前項の不適合の修正の請求に代えて、乙に対し、その不適合の程度に応じて代金の減額を請求することができる。

3　甲は、当該不適合（乙の責めに帰すべき事由により生じたものに限る。）により損害を被った場合、乙に対して損害賠償を請求することができる。

4　当該不適合について、追完の請求にもかかわらず相当期間内に追完がなされない場合又は追完の見込みがない場合で、当該不適合により本契約の目的を達することができない場合は、甲は本契約を解除することができる。

5 　乙が本条に定める責任その他の契約不適合責任を負うのは、前条の検収完了後1年以内に甲から当該不適合を通知された場合に限るものとする。

第16条 （納入物の著作権）

1 　納入物に関する著作権（著作権法第27条及び第28条の権利を含む。以下同じ。）は、甲又は第三者が従前から保有していた著作物の著作権を除き、甲より乙へ委託料が完済されたときに、乙から甲へ移転する。なお、かかる乙から甲への著作権移転の対価は、委託料に含まれるものとする。また、乙は甲に対して著作者人格権を行使しない。

2 　甲は、著作権法第47条の3及び第47条の6に従って、前項により乙に著作権が留保された著作物につき、本件ソフトウェアを自己利用するために必要な範囲で、複製、翻案することができるものとし、乙は、かかる利用について著作者人格権を行使しないものとする。

第17条 （解除）

　　81ページの〈例文〉のとおり。

第18条 （損害賠償）

1 　甲及び乙は、債務不履行又は不法行為を理由として、相手方に対して、損害賠償を請求することができる。但し、損害賠償の累計総額は、本契約に定める委託料の合計金額を限度とする。

2 　前項但し書きは、損害賠償義務者の故意又は重大な過失に基づく場合には適用しないものとする。

第19条 （反社勢力の排除）

　　98ページの〈例文〉のとおり。

第20条 （合意管轄）

　　111ページの〈例文〉のとおり。

第21条 （協議）

　　112ページの〈例文〉のとおり。

フリーランスへ仕事をお願いする
～業務委託契約書～

委託業務　208ページ1条

○○を△△に直してください。

これで5回目の書き直し指示です。
もう、勘弁してください。

契約書による委託業務は「雑誌『□□』に掲載する◆◆に関するコラムのための原稿の執筆」ですから、雑誌『□□』に掲載できる完成度になるまで、何回でも修正してもらいます。

委託業務「雑誌『□□』に掲載する◆◆に関するコラムのための原稿の執筆」で書き直し指示があるとは読めません。

　業務委託契約書で委託業務を特定することは必須ですが、その詳細さの程度はまちまちです。

　報酬がタイムチャージであったり月額制の場合、契約書上で委託業務について絞り込まないことが多いです。一方、**成果報酬型の場合、委託業務が抽象的だと成果の達成が曖昧となるため、トラブルの原因となります。**

　例えば、契約書上の委託業務が、

第1条（委託業務）

甲は、乙に対し、雑誌『□□』に掲載する◆◆に関するコラムのための原稿の執筆（以下「本業務」という。）を委託し、乙はこれを受託する。

だけだと、発注者が思っていたより少ない字数のコラムを提出した際、発注者は字数不足を理由に受託者に書き直しを命じることができるのか曖昧です。これが、例えば、

第1条（委託業務）

1　甲は、乙に対し、雑誌『□□』に掲載する◆◆に関するコラムのための原稿の執筆（以下「本業務」という。）を委託し、乙はこれを受託する。
2　本契約に基づき乙が作成する原稿（以下「本成果物」という。）の規格及び仕様は以下のとおりとする。

　　掲載媒体：雑誌『□□』
　　分　　量：4,000字以上5,000字以内
　　修正指示：〇回まで

となっていれば、成果の基準が明確でありトラブルを防止できます。

契約期間　208ページ2条

依頼企業

> 今月で契約期間が切れますので、貴方に対する業務委託は終了とさせていただきます。

フリーランス

えっ……。そんな一方的に突然、契約を切られても困ります。生活できなくなってしまいます。

　報酬が月額制やタイムチャージの場合は、契約書で**契約期間を定める**ことが多いです。**自動更新条項を設ける**ことも多いです。

　しかし、**業務委託契約は民法上の準委任契約ですので、契約期間の定めがなければ、各当事者がいつでもその契約を解除することができます**（民法651条1項）。

　一方、**成果報酬型の業務委託契約の場合**は、契約期間というより

は、下記のように成果物の**納品期限**を定めます。

> **第〇条（納品）**
> 1　乙は、甲に対し、本成果物を〇年〇月〇日までに納品しなければならない。

　しかし、**契約期間**の形で規定することもあります。例えば、委託元企業が顧客から業務を受注するための助言を請け負うコンサルタントが、業務を受注したことを成果報酬の条件とする場合などです。

　成果報酬型も**各当事者がいつでも契約解除することができます。**解除した場合、特段の規定がない限り、受託者の作業結果により委託者が受ける利益の割合に応じて報酬が決まることとなります。

委託料／支払条件　209ページ3条

 私は御社がＡ社から業務を受託するための助言・指導を、御社がＡ社から業務を受託することを報酬支払の条件として実施しました。御社は3月にＡ社から業務受託契約を締結したので報酬を支払ってください。

 Ａ社と3月に契約をしましたが、5月に解除され、Ａ社から1円も貰えていません。貴方にも報酬を支払えません。

 私との契約の報酬支払条件は、あくまでＡ社からの業務の受託です。その後の解除は御社の責任ですから、私に報酬を支払ってください。

　支払方法は委託内容によって様々ですが、**委託業務がコンサルタント業務の場合**は、毎月〇円とする**月額制**、実際の稼働時間に応じる**タイムチャージ制**、**完全成功（成果）報酬制**などです。

　成功（成果）報酬制の場合は、**何をもって成果とするのか**を契約書で明確にしておかないとトラブルになります。

単発の執筆や撮影の場合は**単発で○○円**と定めることが多いですが、専属契約として**月額制**とする場合もあります。

　いずれにおいても、**支払時期**も明確にしておくべきです。

費用負担　209ページ3条

（広告代理店が専属契約をしているフリーのカメラマンに対し）

依頼企業

> 今度、撮影で沖縄に行ってください。

フリーランス

かしこまりました。
ただし、飛行機代と宿泊費は出してくださいね。

　費用負担は**あらかじめ契約書で定めていないと揉める原因**となります。業務委託契約では通常の費用は受託者側で負担するとしている例が多いですが、遠隔地への出張等、**多額の経費を必要とする際は、委託者負担としたり、別途協議と定めることが多い**です。

著作権　210ページ6条

フリーランス

御社の会社案内のために私が描いたイラストをホームページに流用しましたね。イラストの著作権は私にあるので、追加で料金を支払ってください。

依頼企業

確かに著作権は貴方にありますが、契約書で当社は「会社案内の増刷及び改訂、当社のWEBサイトやSNSへの掲載、広報活動にかかるマスメディアへの成果品データの掲載等、二次利用を行うことができる。」と定めていますので、無償でホームページに掲載できます。

著作権については72ページを参照していただきたいのですが、著作権を移転するか否かは**交渉**で決めます。その場合、**使い回せるのかが判断ポイント**となります。著作権を受託者側に留保した場合も、委託者の内部では使い回せるように規定することもあります。

権利の侵害　210ページ7条

依頼企業　あなたが作ったデザインについて、第三者から著作権を侵害したとの警告文書が来ました。

フリーランス　申し訳ありません。盗作しました。

依頼企業　あなたが悪いのだから、全責任を負ってくださいね。

フリーランス　そうは言われても、私は資力がないですから、破産します。

　受託者が、盗作するなどして第三者の著作権を侵害した場合、第三者からの警告文は委託者に来ます。

　その場合、**責任を負うべきは受託者**です。委託者としては、受託者が盗作をするリスクを抱えているので、その場合の責任について受託者が負うことを契約書で明確にしておくべきです。

納品／報告義務　210ページ8条

（月額報酬契約を結んでいるコンサルタントに対し）

先月の業務報告書が提出されていないので、先月分の報酬は支払いません。

依頼企業

すみません。

すぐ、業務報告書を提出します。

フリーランス

単発の作業が業務委託契約の対象の場合、成果物の**納品**と**検査**について契約書に規定するのが通常です。

タイムチャージで契約をしている場合は、月次等で報告書がないと報酬額が確定できません。月額報酬制の場合、報告書の提出はケースによるため、委託者が必要と考える場合は**提出義務**を定めます。

再委託　211ページ10条

ご依頼いただいている建設業許可の申請ですが、多忙につき、個人で事務所をやっている行政書士に再委託してよいですか？

行政書士法人

東京都へ提出する前に、貴法人で責任をもって提出物の確認をしてくれるならいいですよ。

依頼企業

　コンサルティング、執筆、イラスト描写、写真撮影などは、受託者の力量を見込んで委託するため、**再委託不可が原則**であるべきです。とはいえ、受託者の子会社に再委託するなど、合理性を有するケースもあります。その場合は**再委託を可能とする規定**を設けます。

ただし、秘密保持や著作権の移転等、**本契約に定める義務と同一の義務を受託者と再委託を受けた者との間で締結する義務**を規定しないと、業務委託契約での縛りが骨抜きになってしまいます。

印紙

単発の準委任契約であれば印紙は不要ですが、継続的取引の基本となる契約書の場合は**4,000円**の印紙の貼付が必要です。

業務委託契約書

　○○株式会社（以下、「甲」という。）と○○（以下、「乙」という。）は、以下のとおり、契約（以下、「本契約」という。）を締結する。

第1条（委託業務）
　甲は乙に対し、甲の○○受注に向けた企画・提案・助言・指導（以下、「本件業務」という。）を委託し、乙はこれを受託する。

【専属のカメラマンとして委託する場合】
　乙は、月10日を上限として、甲の指示により写真撮影（以下、「本件業務」という。）を行う。

【コラム執筆単発の委託の場合】
1　甲は、乙に対し、雑誌『□□』に掲載する◆◆に関するコラムのための原稿の執筆（以下「本件業務」という。）を委託し、乙はこれを受託する。
2　本契約に基づき乙が作成する原稿（以下「本成果物」という。）の規格及び仕様は以下のとおりとする。
　　掲載媒体：雑誌『□□』
　　分　　量：4,000字以上5,000字以内
　　修正指示：○回まで

第2条（契約期間）
　本契約の期間は、令和○年○月○日から令和○年○月○日までとする。

第3条（委託料及び支払方法）

【月額報酬制の場合】

1　本契約に基づく委託料は月額金〇万円（消費税別）とする。

2　本件業務にかかる交通費等の経費は、原則として乙が負担するものとする。但し、甲の依頼により遠隔地出張など多額の経費を必要とする場合には、別途協議の上取り決める。

3　甲は、本条に定める委託料を、乙の発行する請求書に基づき、翌月末までに乙の指定する銀行口座への振込により支払うものとする。なお、振込にかかる手数料は甲の負担とする。

【タイムチャージ制の場合】

1　本契約に基づく委託料は1時間あたり金〇円（消費税別）とする。

2　（月額報酬制の場合と同じ）

3　乙は毎月1日から月末日までの本件業務について、毎月翌月〇日までに、本件業務に従事した日数及び時間を記載した書面（以下、「作業報告書」という。）と、請求書を、甲に提出する。

4　甲は、前項により乙から提出された作業報告書の内容を確認のうえ、その内容に疑義がなければ、乙の発行する請求書に基づき、本条に定める委託料を翌月末までに乙の指定する銀行口座への振込により支払うものとする。なお、振込にかかる手数料は甲の負担とする。

【成功（成果）報酬制の場合】

1　本契約に基づく委託料は金〇万円（消費税別）とする。

2　（月額報酬制の場合と同じ）

3　乙が、甲に対し、〇〇を引き渡した後、〇日以内に、甲は、乙に対して、前2項に定める委託料を、乙の指定する銀行口座への振込により支払うものとする。なお、振込にかかる手数料は甲の負担とする。

第4条（資料・情報の管理等）

1　乙は、甲から貸与された資料、機器及び情報等がある場合、本件業務以外の用途に使用してはならず、善良な管理者の注意をもって使用・保管・管理するものとする。

2　乙は甲から提供された本件業務に関する資料等を本件業務遂行上必要な範囲内で複製又は改変できる。

3　甲から提供を受けた資料等（前項による複製物及び改変物を含む。）が本件業務遂行上不要となったときは、乙は遅滞なくこれらを甲に返還又は甲の指示に従った処置を行うものとする。

4　乙は、乙の従業員にテレワークで本件業務を遂行させる場合は、甲から提供された本件業務に関する一切の資料及び成果物が、従業員の私物である情報機器に書き込まれないようにしなければならない。

第5条（秘密情報）

1　甲及び乙は、相手方から秘密である旨の告知とともに知り得た情報（以下、「秘密情報」という。）についてはこれを厳重に管理するものとし、第三者に開示・漏えいしないものとする。但し、次の各号のいずれかに該当するものについてはこの限りでない。

　(1)　相手方から知り得た時点で既に公知又は公用であるもの。

　(2)　相手方から知り得た時点で既に自己が所有していたもの。

　(3)　正当な権限を有する第三者から、秘密保持義務を負わずに適法に知り得たもの。

　(4)　相手方から知り得た後に自己の責めによることなく公知又は公用となったもの。

　(5)　秘密情報に依拠せず独自に創出したもの。

2　甲及び乙は、秘密情報につき、裁判所又は行政機関から法令に基づき開示を命じられた場合は、開示を命じられた部分に限り、当該裁判所又は行政機関に対して当該秘密情報を開示することができる。

3　本条の規定は、本契約終了後、〇年間存続する。

第6条（著作権の帰属）

　本件業務に基づき乙が甲のために作成した成果物（中間成果物も含む）の著作権（著作権法第27条及び第28条の権利を含む。以下同じ。）は、成果物の引渡しと同時に甲に移転する。また、乙は著作者人格権を行使しない。

【著作権を受託者に留保する場合】

1　本件業務による著作物の著作権は乙が有するものとする。

2　甲は、前項にかかわらず、本件業務による著作物について、パンフレットの増刷及び改訂、甲のウェブサイトやSNSへの掲載、広報活動にかかるマスメディアへの成果品データの掲載等、二次利用を行うことができる。

第7条（権利の侵害）

　乙は、本件業務を行うにあたり、第三者の権利を侵害しないよう留意するとともに、乙が甲のために作成した成果物（中間成果物も含む）及び役務の提供の結果について第三者との間で紛争が生じた場合、乙は、自己の責任と負担において処理・解決するものとする。

第8条（報告義務）

　乙は、甲の請求があるときは、口頭又は書面にて、遅滞なく本件業務の実行状況を報告しなければならない。

【単発の制作契約の場合】

第9条（納品）

1　乙は、甲に対し、本成果物を〇年〇月〇日までに納品しなければならない。

2　甲は、本成果物の納品を受けた後〇年〇月〇日までに、本成果物の内容の検査を完了しなければならない。

3　前項の検査の結果、本成果物が不合格の場合には、甲は、本成果物の受領後〇日以

内にその旨を乙に通知するものとする。

4　乙は、甲より前項の通知を受けた場合、甲の指示に従った対応を行うものとする。

第10条（再委託）

1　乙は、甲による事前の承諾がない限り、本件業務の全部又は一部を第三者に再委託できない。

2　甲の事前の承諾を得て第三者に再委託する場合には、乙は当該第三者に対し、本契約における乙の義務と同様の義務を遵守させ、その行為について一切の責任を負う。

第11条（解除）

　81ページの〈例文〉のとおり。

第12条（損害賠償）

　85ページの〈例文〉のとおり。

第13条（権利義務の譲渡の禁止）

　103ページの〈例文〉のとおり。

第14条（反社勢力の排除）

　98ページの〈例文〉のとおり。

第15条（合意管轄）

　111ページの〈例文〉のとおり。

第16条（協議）

　112ページの〈例文〉のとおり。

中小企業の株式を譲渡する
〜株式譲渡契約書〜

株券の有無

Aさんから貴社の株式1,000株を購入し、売買契約書とAさんの委任状も持っています。株主名簿上の株主をAさんから私に変更してください。

株券を見せてください。当社は株券発行会社なので、株式の譲渡は株券の交付がないと無効です。

　会社法（平成18〈2006〉年5月施行）では、株式会社は**株券不発行が原則**です。しかし、会社法制定以前は「株券発行が原則」だったので、現在も株券発行会社は多数あります。

　なお、上場企業は株主の権利の管理を電子的に行う振替株式制度に移行しているため、現在、株主としての地位とその権利要件の関係では右表の3種類があります。

> **3種類の適用会社がある**
> ①株券発行会社
> ②（狭義の）株券不発行会社
> ③振替株式制度

　注意をしたいのは、①の**株券発行会社は「株券の交付」が株式譲渡の効力要件**という点です。当事者間で合意をしても、株券の交付がないと株式譲渡の効力が認められません。

　しかし、**定款上、株券発行会社となっていても、実際には株券を**

発行していない会社があります。 その場合、株式譲渡の際は、会社に株券を発行してもらうのが原則です。

　もっとも、会社が不当に発行を拒絶する場合には、株主は意思表示のみにより有効に株式を譲渡することができ、会社は株券発行前であることを理由にその効力を否定できないとするのが判例です。

■形態別に見る株式会社のあらまし

<table>
<tr><th colspan="2"></th><th>形態</th><th>効力要件</th><th>会社への
対抗要件</th><th>第三者への
対抗要件</th><th>株主名簿
変更手続</th></tr>
<tr><td rowspan="2">非上場</td><td>株券発行</td><td>株券の交付</td><td>株主名簿の記載</td><td>株券の交付</td><td>株券の提示</td></tr>
<tr><td>株券不発行</td><td>売主と買主の合意</td><td>株主名簿の記載</td><td>株主名簿の記載</td><td>売主と買主の共同申請</td></tr>
<tr><td>上場</td><td>振替株式</td><td>振替口座簿への記載・記録</td><td>振替口座簿への記載・記録</td><td>振替口座簿への記載・記録</td><td>振替機関からの通知</td></tr>
</table>

譲渡制限

Aさんから貴社の株式1,000株を買いました。貴社は定款で譲渡制限の定めがありますが、Aさんから私への譲渡を承認しますか。承認しない場合、貴社か、貴社が指定する人が当該株式を買い取ってください。

承認しませんが、当社で1株500円で買い取ります。

500円は安すぎます。価格が折り合わないようなので裁判所に売買価格決定の申立てをします。

　株式会社は、定款により、譲渡による当該株式の取得につき会社の承認を要する旨を定めることができます。この制限がついた株式を**譲渡制限付株式**といいます。

■株式の譲渡に係る売主からの承認手続のフロー

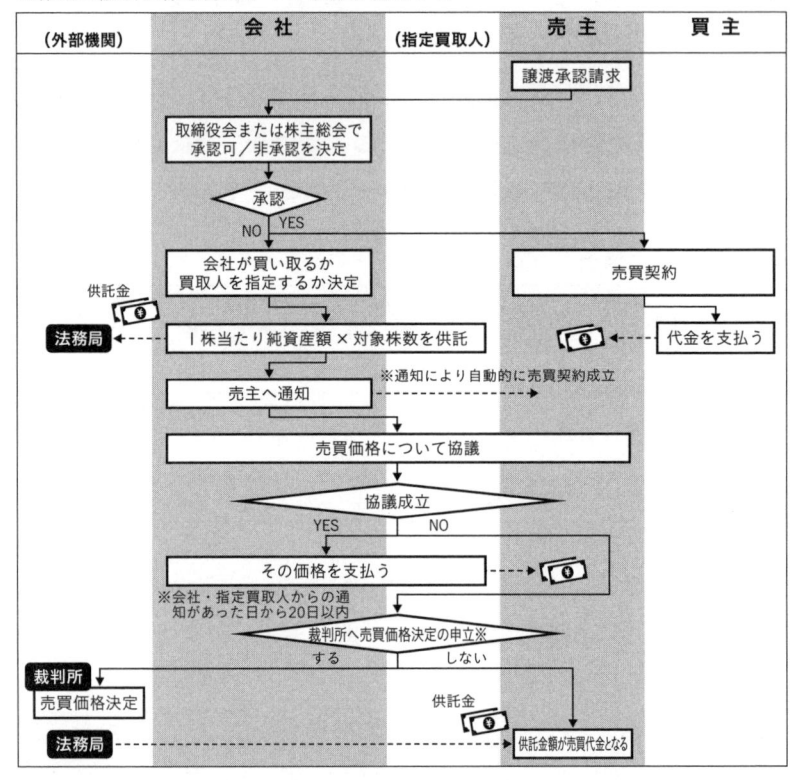

　会社が承認をする機関も定款で定めますが、一般に取締役会設置会社であれば取締役会、取締役会非設置会社であれば株主総会です。

　会社への譲渡承認請求は、譲渡の前に売主からすることも、譲渡の後に買主と売主と共同ですることも可能です。

　譲渡制限株式について、**会社の承認なく、売主・買主間で譲渡の契約をした場合、会社に対する関係では効力は生じませんが、譲渡当事者間では有効とするのが判例**です。

　譲渡承認請求をする際、会社が承認をしないときは、**会社または会社の指定する指定買取人が株式を買い取るよう請求**できます。

買い取り請求を受けた会社または指定買取人が買い取りの旨の通知をする場合は、**1株当たり純資産額に買い取る対象株式の数を乗じた金額**を供託しないといけません。

譲渡承認請求者と会社・指定買取人とは、**売買価格を協議**することになりますが、**協議が整わない場合、当事者は会社・指定買取人からの通知があった日から20日以内に、裁判所に売買価格決定の申立て**をすることができます。裁判所は、会社の資産状態その他一切の事情を考慮して売買価格を決定します。20日以内に裁判所に申立てをしない場合は供託金額が売買価格となります。

株主名簿の書換　220ページ4条

Aさんから貴社の株式1,000株を購入し、証拠として売買契約書もあります。株主名簿上、私を1,000株の株主として登録してください。

株式譲渡による株主名簿の書換は、売主と買主共同で行わないといけません。あなたからだけの申出では応じられません。

株式を売買した場合、その株式を取得した者が会社に対して株主の地位を主張するためには、株主名簿上の名義を自己の名義に書き換えてもらう必要があります。

株券発行会社の場合は、**株式を取得した者が株券を会社に提示**して名義書換請求を行います。

上場会社の場合は振替株式ですが、**証券会社で手続き**をすれば、会社に通知が行き、名義が書き換えられます。

株券発行会社でも振替株式でもない株式の株主名簿の書換請求は、**株主名簿上の株主と株式取得者が共同して請求するのが原則**で

す。実務上は、株主名簿上の株主と株式取得者のうちの一方が委任状を相手方に交付して手続きをするのが一般的です。

表明保証　220ページ5条、221ページ6条

株式の買主

> あなたからＡ社の株式を買いましたが、その際、あなたから開示された貸借対照表上の売掛金1億円は実態がないことがわかりました。表明保証違反なので責任をとってください。

株式の売主

私はＡ社の役員ではないので、Ａ社から開示された貸借対象表上の売掛金が実態のないことなど知りませんでしたし、知り得る立場にもないので、表明保証の範囲外です。

表明保証の役割

　表明保証は、売主または買主が相手方に対し、一定の事項が真実であり正確であることを表明し、表明したことを保証する条項です。

　会社自体を売買する場合（いわゆるＭ＆Ａ）は、まず**デューデリジェンス**（組織や財務状況、法務要件、社会貢献度など様々な分野の調査・分析）でリスクを洗い出し、買収価格の交渉をし、クロージング（契約）へと進みます。

　しかし、書面審査中心のデューデリジェンスでは隠れたリスクをすべて洗い出すことは困難です。一方で、可能性の低いリスクを価格に反映するのも適切ではありません。その結果、**売り手に一定の**

■表明保証条項の一般的な内容（Ｍ＆Ａの契約）

- 売主が、対象会社の株式の所有者であること
- 財務諸表に間違いがなく全てが記載されていること
- 買主に対して開示していない偶発債務が存在しないこと
- 年金や保険、法人税など不払いや滞納がないこと
- デューデリジェンスの際に開示された情報に虚偽がないこと
- 買主の把握していない訴訟や紛争がないこと

状態を保証し約束させ、違反があった場合に限って責任追及できるようにするのが「表明保証」の役割です。M&Aの契約における表明保証条項の一般的な内容は前ページ表のとおりです。

　その他、会社や事業の種類、当事者の性質などにより、案件ごとに重大な事実が表明保証条項に盛り込まれることとなります。

保証範囲の制限とその効果

　表明保証条項では、**「知る限り」**とか**「知り得る限り」**という言葉が使われることがよくあります。

　一般的に、表明保証は、当事者の主観的事情によらず成立するものです。しかし、株式譲渡契約をはじめとするM&A関連契約は、表明保証の内容は対象会社に関する広範な事項にわたります。

　特に表明保証を行う売主側としても、常に自社の情報を隅々まで把握した状態で契約締結に至るとは限りません。そのため、売主は契約時に知りようがなかった事実まで後に追及されることは避けたいと考えます。そうした場合に、契約当時「知る限り」「知りうる限り」において保証といった、**表明保証する範囲に限定をかける**のです。

　一方、M&A（合併と買収）ではない株式譲渡の場合は、表明保証条項を必ず入れるわけではありません。売主が経営者でない場合、売主自体が認識している事実に限りがあるからです。

　表明保証違反の効果としては、その違反の重要性に応じて左表のいずれかによります。株式譲渡契約上、各表明保証条項違反があった場合に、**どのような効果**があるのか（**どのような結末**となるのか）を明確にします。

■表明保証違反の効果

- クロージングを不可とする
  （通常は重要性が高い事項の場合）
- 契約解除（通常は重要性が高い事項の場合）
- 金銭補償

補償　222ページ9条

貴方からＡ社の株式を買いましたが、Ａ社には隠れた保証債務があることが判明したので補償を求めます。

私はＡ社の役員ではないので、Ａ社に隠れた補償債務があることは知らなかったし、知りようもありません。私には過失がないので、損害賠償には応じません。

表明保証違反の責任は、当事者に故意も過失もなく、単なる事実の表明に誤りがあった場合も含みます。株式売買契約書の○条に定める「補償」の規定に従って、損害を補償する義務があなたにはあります。

　表明保証違反は、債務不履行ではないので、当事者の帰責事由（当事者の故意過失）がなく、単なる事実の表明に誤りがあった場合も含みます。表明保証条項は、その事実の表明を信頼して取引に入る**相手方当事者の保護のための規定**です。

　それに違反する結果として、株式譲渡が実行されない、補償義務を負う、解除原因になるなどの効果を持たせて、相手方当事者を保護することで、当事者間の情報の格差により相手方当事者が取引に入れないこととなることを防ぎ、取引を促進するための条項です。そこで、表明保証違反の効果として、**「損害賠償」ではなく「補償」**とのタイトルの条項を設けます。

　つまり、「表明保証」違反に基づく補償責任というのは、民商法の過失責任の原則に基づく損害賠償責任ではなく、**真実であると「表明保証」したにもかかわらず真実でなかった場合の売主と買主の間の損失分担のための規定**です。

印紙

不要です。

株式譲渡契約書

　○○（以下「甲」という。）と○○（以下「乙」という。）は、甲が保有するA株式会社（以下「対象会社」という。）の発行済株式を乙へ譲渡することについて、以下のとおり合意し、この契約（以下「本契約」という。）を締結する。

第1条（株式の譲渡）
　甲は、令和○年○月○日（以下「譲渡日」という。）をもって、甲が保有する対象会社の普通株式○株（以下「本件株式」という。）を、本件譲渡代金（次条で定義される。）の支払いの受領と引き換えに乙に譲渡し、乙はこれを譲り受ける。

第2条（代金）
1　乙は、甲に対し、譲渡日限り、本件株式の譲渡の対価として、金○万円（1株当たり金○万円。以下「本件譲渡代金」という。）を支払う。
2　前項の対価の支払いは、乙が甲に対して別途指定する預金口座に振り込む方法により支払う。振込手数料は乙の負担とする。

第3条（前提条件）
　前条に規定する乙の義務の履行は、譲渡日において、以下の各号の条件が全て満たされていることを前提条件とする。
(1)　第5条に規定する甲の表明及び保証が、本契約日及び譲渡日において、真実かつ正確であること
(2)　甲が本契約に基づき履行又は遵守すべき義務に違反していないこと
(3)　本件株式譲渡の実行を禁止し、又は制限することを求める司法機関又は行政機関による判決、決定、命令等が存在せず、かつ、本件株式譲渡の実行を禁止し、又は制限する訴訟その他の法的手続が継続していないこと
(4)　甲から提供された対象会社の計算書類が客観的に適正に作成されており、作成基準日の対象会社の資産及び負債の状況、財政状態並びに損益の状況及び経営成績を適正に表示していること
(5)　甲から提供された対象会社の計算書類の作成基準日以降、対象会社の運営、資産又は財務状況に重大な悪影響を及ぼす事項が発生していないこと
(6)　対象会社の発行済株式の総数が○株であること

(7)　対象会社内において、株式、新株予約権その他株式又は株式を取得できる権利の発行が議決されず、かつそれを議案とする株主総会の招集がなされていないこと

(8)　甲が、乙に対し、以下の書類を全て交付していること

①甲が株主として記載された対象会社の株主名簿（対象会社による押捺済み）

②本契約締結日直近の対象会社が作成した甲に対する株主総会招集通知書

第4条（株主名簿への記載）

1　甲及び乙は、第2条第2項に基づき乙から甲に本件譲渡代金の支払いがなされ、甲が当該代金を受領したことを確認した後、共同して、対象会社に対し、譲渡承認請求及び名義書換（本件株式の株主が甲から乙へ変更があった旨を株主名簿へ記載又は記録すること）請求をするものとする。譲渡承認請求及び名義書換えに係る費用は、乙の負担とする。

2　甲は前項の対象会社への請求手続を乙に委任するものとし、甲は乙に対し、第1条に規定する本件譲渡代金の支払いの受領と引き換えに、本件譲渡に係る譲渡承認請求及び名義書換請求につき甲が乙に対して委任する旨の甲の委任状、甲の印鑑証明書その他乙が前項の甲の手続を代理して行うために必要な書類を差し入れる。

第5条（甲の表明保証）

甲は、本契約締結日において、以下の事項に誤りがないことを表明し保証する。

(1)　甲は本契約の締結及びその履行につき、法令及び定款その他の社内規則上必要とされる一切の手続を履践していること

(2)　甲は本契約の締結及びその履行に関し、本契約で別途定める場合を除き、官公庁その他の第三者の許認可、承諾等が要求されることはないこと、又は、許認可、承諾等を既に取得していること

(3)　甲が知る限り、本件株式が適正、適法かつ有効に発行されたものであること

(4)　事前に甲から乙に交付された対象会社の貸借対照表、損益計算書その他財務諸表が、公正な企業会計原則に従って作成されていること、甲が知る限り、その内容において適正であること、及び○年○月○日現在における対象会社の資産・負債の状況を正確に表示していること

(5)　乙による調査期間末日である○年○月○日から本契約締結日まで、通常の取引によるものを除き、対象会社の財務内容に変化がないこと

(6)　別紙に記載された債務又は財務諸表に明示された債務以外に、本件株式譲渡に影響を及ぼすおそれのある債務（偶発債務、保証債務、求償債務を含む。）を対象会社が負担しておらず、国又は地方公共団体等に対して負担すべき租税公課を一切滞納していないこと

(7)　対象会社が、その財務内容に重大な影響を及ぼすおそれ、又は、本件株式の譲渡に実質的な悪影響を及ぼすおそれのある訴訟、調停、仲裁、仮差押え若しくは仮処分事件その他紛争の当事者になっていないこと

(8)　甲が乙に提供した対象会社に関する情報が重要な点において真実かつ正確であり、かつ、重大な欠落がないこと

(9)　甲が本件株式の全てについて完全な権利者であり、対象会社の株主名簿に記載された株主であること

(10)　本件株式の全てについて抵当権、質権、譲渡担保権その他の担保権が設定されて
　　　おらず、かつ、株主間契約その他の本件株式の譲渡又は本件株式に係る権利を制限
　　　する負担又は契約が存在しないこと

第6条（乙の表明保証）
　　乙は、本契約締結日において、以下の事項に誤りがないことを表明し保証する。
(1)　乙は本契約の締結及びその履行につき、法令及び定款その他の社内規則上必要と
　　　される一切の手続を履践していること
(2)　乙は本契約の締結及びその履行に関し、本契約で別途定める場合を除き、官公庁
　　　その他の第三者の許認可、承諾等が要求されることはないこと、又は、許認可、承
　　　諾等を既に取得していること

第7条（秘密保持義務）
1　甲及び乙は、本契約の存在及び内容、並びに本契約の締結及び履行に関連して知り
　得た相手方の技術上又は営業上の情報（以下、併せて「秘密情報」という。）を、次項に定め
　る場合を除き、相手方の承諾を得ない限り、第三者に開示し若しくは漏洩し、又は本
　契約の目的以外に使用してはならない。ただし、以下の各号のいずれかに該当する情
　報は、秘密情報に含まれないものとする。
　(1)　開示を受けた時に既に保有していた情報
　(2)　開示を受けた後、秘密保持義務を負うことなく第三者から正当に入手した情報
　(3)　開示を受けた後、相手方から開示を受けた情報に関係なく独自に取得し、又は
　　　創出した情報
　(4)　開示を受けた時に既に公知であった情報
　(5)　開示を受けた後、自己の責めに帰し得ない事由により公知となった情報
2　前項の規定は、以下の各号のいずれかに該当する場合には、適用しない。
　(1)　情報を受領した者が、自己若しくは関係会社の役職員又は弁護士、会計士、税
　　　理士等法律に基づき守秘義務を負う者に対して、自己と同様の義務を負わせるこ
　　　とを条件に、必要最小限の範囲で秘密情報を開示する場合
　(2)　適用のある法令等又は金融商品取引所規則の定めに従って開示する場合
　(3)　裁判所、行政機関又はその他の政府機関の命令又は要求に基づいて秘密情報を
　　　開示する場合
3　甲又は乙は、前項第2号又は第3号の規定に基づき秘密情報の開示を義務付けられ
　た場合には、事前に相手方に通知し、開示につき可能な限り相手方の指示に従うもの
　とする。
4　本条に定める義務は譲渡日から3年間存続するものとする。

第8条（解除）
1　乙は、下記の事由のいずれかが発生した場合、甲に対して書面による通知を行うこ
　とにより本契約を解除することができる。
　(1)　甲が第5条に基づき表明し保証した内容が重要な点において真実かつ正確でな
　　　かったとき
　(2)　甲が本契約に基づき履行又は遵守すべき重大な義務に違反したとき

（3）　譲渡日までに第3条に定める前提条件が充足されないとき

2　甲は、下記の事由のいずれかが発生した場合、乙に対して書面による通知を行うことにより本契約を解除することができる。

（1）　乙が第6条に基づき表明し保証した内容が重要な点において真実かつ正確でなかったとき

（2）　乙が本契約に基づき履行又は遵守すべき重大な義務に違反したとき

3　第1項（1）に基づく場合を除き、前2項に基づく本契約の解除は、第1条に基づく本件株式の譲渡前でなければ行うことはできない。

4　第4条に基づく対象会社に対する譲渡承認請求の結果、対象会社の承認が得られないとしても、かかる事由は本契約の解除事由とはならない。

第9条（補償）

1　甲又は乙は、本契約に定める自らの表明保証事項のいずれかが不実若しくは不正確であること、又は本契約上の自らの義務のいずれかに関する不履行若しくは不遵守により、相手方に損害、損失又は費用（以下「損害等」という。）が生じたときは、相手方に対して、本条の定めに従い当該損害等を補償する。

2　本契約に基づく甲から乙への本件株式の譲渡について、対象会社の承認が得られないとしても、当該事由は、甲の乙に対する補償事由とはならない。また、甲から乙への本件株式の譲渡について対象会社の承認が得られず、対象会社又は指定買取人が本件株式を購入することとなった場合において、乙又は対象会社が裁判所への売買価格の決定の申立てを行うこととなった場合、その手続に係る費用（弁護士費用を含むがこれに限られない。）について、甲は乙に対し、補償その他何らの法的義務・金銭的負担を負わない。

3　第3条に定める乙の前提条件のうち、第5条に定める甲の表明保証の対象ではない事項については、当該条件が満たされなかったとしても、甲は乙に対し、保証その他何らの法的義務・金銭的負担を負わない。

第10条（権利義務の譲渡の禁止）
　　103ページの〈例文〉のとおり。

第11条（反社勢力の排除）
　　98ページの〈例文〉のとおり。

第12条（合意管轄）
　　111ページの〈例文〉のとおり。

第13条（協議）
　　112ページの〈例文〉のとおり

従業員を雇う
〜雇用契約書〜

労働条件通知書と雇用契約書　228〜231ページ

労働者

12月になりましたが、賞与の支給はまだですか？

使用者

当社に賞与はありません。

労働者

採用時の労働条件通知書には「賞与有」となっていましたよ！

労働条件通知書とは

労働基準法15条1項は下のように規定しています。

> **労働基準法15条1項**
>
> 使用者は、労働契約の締結に際し、労働者に対して**賃金、労働時間その他の労働条件**を**明示**しなければならない。この場合において、賃金及び労働時間に関する事項その他の厚生労働省令で定める事項については、**厚生労働省令で定める方法により明示**しなければならない。

雇用主は（個人事業主を含む）、**パートやアルバイトなども含めたすべての労働者**に対し、**労働条件を明示する書面**（労働者が希望した場合は電磁的方法も可）を**労働契約の締結時と有期労働契約の更新時に交付**しないといけません。

労働条件通知書に記載すべき事項

労働条件通知書に記載すべき事項は、労働基準法施行規則第5条1項において下表のように規定されています。

必ず記載しないといけない事項	定めた場合に明示しないといけない事項
・労働契約の期間に関する事項 ・期間の定めがある労働契約の場合、契約更新するときの基準に関する事項（更新上限の有無と内容・無期転換申込機会・無期転換後の労働条件も含む） ・就業する場所および業務内容に関する事項（就業場所・業務の変更の範囲も含む） ・始業および終業時刻、時間外労働の有無、休憩、休日などに関する事項 ・賃金の決定および計算方法、支払時期などに関する事項 ・退職に関する事項（解雇の事由を含む）	・退職手当に関する事項 ・賞与などに関する事項 ・労働者に負担させるべき食費、作業用品などの負担に関する事項 ・安全衛生に関する事項 ・職業訓練に関する事項 ・災害補償などに関する事項 ・表彰や制裁に関する事項 ・休職に関する事項

加えて、パートや有期契約労働者の場合は下表の事項も文書により明示することが必須です。

パートや有期契約労働者の場合、さらに明示すべき事項
・昇給の有無　　・退職手当の有無　・賞与の有無　・相談窓口
・更新上限の有無と内容　・無期転換申込機会　・無期転換後の労働条件

労働条件通知書と雇用契約書の違い

雇用契約書は、雇用主と労働者が**労働条件で合意したことを証明する書類**で、両者の署名（または記名）・捺印をするのが一般的です。

労働条件通知書と雇用契約書の違いは次ページ表のとおりです。なお、労働条件通知の形式は問わず、記載すべき項目が網羅されていればよいので、**雇用契約書と兼用の書類を作成し、労働者と企業が記名・捺印する方法でも問題ありません。**

従業員10名以上の事業所では、**就業規則**を制定する必要があり

ます。就業規則があれ
ば、**労働条件通知書＋就**
業規則で、労働条件に関
する合意事項の文書化と
しては足りていることが
一般的です。

■ 労働条件通知書と雇用契約書の違い

	労働条件通知書	雇用契約書
根拠法	・労働基準法 ・パートタイム労働法	民法
文書の必要性	義務	任意
目的	法令上の義務	トラブル回避
形式	使用者側からの交付	双方調印

　したがって、労働条件通知書に加え、雇用契約書があることが望
ましいのは、①就業規則のない事業所、②特別の待遇で雇い入れる
場合（就業規則よりも労働者に有利な条件で雇い入れる場合）です。

労働条件通知書の効果

　労働条件通知書は使用者側から交付するもので、労働者は署名・
押印は不要ですが、労働条件を示すものです。記載のとおりの権
利・義務が発生します（＝労働契約の内容を証する意味を持つ）。

　なお、**労働条件を明示しない場合、30万円以下の罰金**に処せられ
ます（労働基準法120条1項）。

就業規則と雇用契約書　228〜231ページ

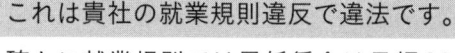
Aさんに月給18万円しか支払っていませんね。
これは貴社の就業規則違反で違法です。

確かに就業規則では最低賃金は月額20万円ですが、Aさん
とは18万円で雇用契約書を交わしています。

就業規則を下回る労働契約は、その部分について無効で
す。

　常時10人以上の労働者を使用する使用者は下表の事項を就業規

則に記載し、管轄の労働基準監督署に届け出なければなりません。

就業規則に 必ず記載しないといけない事項	その事業場で定める場合に 記載しなければならない事項
①始業及び終業の時刻、休憩時間、休日、休暇並びに交替制の場合には就業時転換に関する事項 ②賃金の決定、計算及び支払の方法、賃金の締切り及び支払の時期並びに昇給に関する事項 ③退職に関する事項（解雇の事由を含む。）	①退職手当に関する事項 ②臨時の賃金（賞与）、最低賃金額に関する事項 ③食費、作業用品などの負担に関する事項 ④安全衛生に関する事項 ⑤職業訓練に関する事項 ⑥災害補償、業務外の傷病扶助に関する事項 ⑦表彰、制裁に関する事項 ⑧その他全労働者に適用される事項で定めをする場合に記載しなければならない事項

就業規則で定める基準に達しない労働条件を定める労働契約は、その部分が無効となります（労働基準法93条、労働契約法12条）。無効となった部分は**就業規則で定める基準が適用**されます。

　なお、使用者は、就業規則の作成・変更について、その事業場に労働者の過半数で組織する労働組合がある場合は労働組合、労働者の過半数で組織する労働組合がない場合は労働者の過半数を代表する者の意見を聴かなければなりません。これは**会社単位ではなく、事業所単位**で行う必要があります。

■ 就業規則と雇用契約書、労働条件通知書の関係

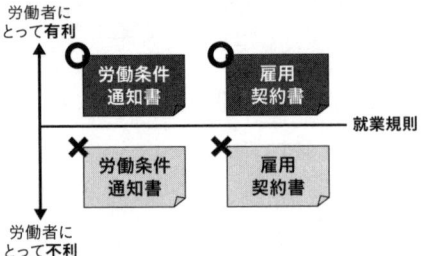

　就業規則は、あくまで事業所共通のルールですが、就業規則よりも労働者に有利な条件で雇用契約を締結するのは問題ありません。

雇用契約書・就業規則に記載すべき事項　228〜231ページ

使用者：会社の電子メールでデートの約束をしましたね。会社の電子メールは業務以外使用禁止なので「注意書」を渡します。

労働者：会社の電子メールは業務以外使用禁止なんて、どこに書いてありますか？

使用者：就業規則に書いてあります。

　労働条件通知書に、法定の記載事項以外を盛り込んでも問題はありません。しかし、実務的に労働条件通知書は、**厚生労働省のひな形を用い、簡潔に労働条件を記載するのが通例**です。**詳細な条件**を明示するには、**雇用契約書**を締結するか**就業規則**で規定します。

　雇用契約書、就業規則には、労働条件通知書記載事項をより詳細に規定します。厚労省のひな型でも表（上）の項目は、「詳細は就業規則〇条」となっています。

　また、**労働条件通知書**の法定記載事項以外で、**使用者と労働者で合意をする事項**も、**雇用契約書**を締結するか**就業規則**で規定します。例えば表（下）の「合意事項」です。この中でも、特に**服務規律**について定めておくことは重要です。

別途規定する「詳細」の例
- 始業・終業の時刻等
- 休日
- 休暇
- 退職に関する事項

別途規定する「合意事項」の例
- 試用期間・本採用の取消事由
- 異動・出向・転籍
- 役職
- 正社員登用
- 服務規律

第 6 章

～システム・業務委託・株式・雇用・機密保持・利用規約～
代表的事例からポイントをつかむ〈後編〉

印紙

不要です。

■厚生労働省の労働条件通知書ひな形

（一般労働者用；常用、有期雇用型）

労働条件通知書

年　　月　　日

＿＿＿＿＿＿＿＿　殿

事業場名称・所在地
使用者職氏名

契約期間	期間の定めなし、期間の定めあり（　　年　　月　　日〜　　年　　月　　日） ※以下は、「契約期間」について「期間の定めあり」とした場合に記入 1　契約の更新の有無 　［自動的に更新する・更新する場合があり得る・契約の更新はしない・その他（　　）］ 2　契約の更新は次により判断する。 　・契約期間満了時の業務量　　　・勤務成績、態度　　　　・能力 　・会社の経営状況　・従事している業務の進捗状況 　・その他（　　　　　） 3　更新上限の有無（無・有（更新　　回まで／通算契約期間　　年まで）） 【労働契約法に定める同一の企業との間での通算契約期間が5年を超える有期労働契約の締結の場合】 　本契約期間中に会社に対して期間の定めのない労働契約（無期労働契約）の締結の申込みをすることにより、本契約期間の末日の翌日（　年　月　日）から、無期労働契約での雇用に転換することができる。この場合の本契約からの労働条件の変更の有無（　無　・　有（別紙のとおり）　） 【有期雇用特別措置法による特例の対象者の場合】 　無期転換申込権が発生しない期間：　Ⅰ（高度専門）・Ⅱ（定年後の高齢者） 　Ⅰ　特定有期業務の開始から完了までの期間（　　年　　か月（上限10年）） 　Ⅱ　定年後引き続いて雇用されている期間
就業の場所	（雇入れ直後）　　　　　　　　　　（変更の範囲）
従事すべき 業務の内容	（雇入れ直後）　　　　　　　　　　（変更の範囲） 　　【有期雇用特別措置法による特例の対象者（高度専門）の場合】 　　・特定有期業務（　　　　　　　開始日：　　　　完了日：　　　　）
始業、終業の 時刻、休憩時 間、就業時転 換（(1)〜(5) のうち該当す るもの一つに ○を付けるこ と。）、所定時 間外労働の有 無に関する事 項	1　始業・終業の時刻等 (1)　始業（　　時　　分）　終業（　　時　　分） 【以下のような制度が労働者に適用される場合】 (2)　変形労働時間制等；（　　）単位の変形労働時間制・交替制として、次の勤務時間の組み合わせによる。 　┌始業（　時　分）終業（　時　分）　（適用日　　　　） 　├始業（　時　分）終業（　時　分）　（適用日　　　　） 　└始業（　時　分）終業（　時　分）　（適用日　　　　） (3)　フレックスタイム制；始業及び終業の時刻は労働者の決定に委ねる。 　　　　　　（ただし、フレキシブルタイム（始業）　時　分から　時　分、 　　　　　　　　　　　　　　　（終業）　時　分から　時　分、 　　　　　　　　　　コアタイム　　　　時　分から　時　分） (4)　事業場外みなし労働時間制；始業（　時　分）終業（　時　分） (5)　裁量労働制；始業（　時　分）　終業（　時　分）を基本とし、労働者の決定に委ねる。 ○詳細は、就業規則第　条〜第　条、第　条〜第　条、第　条〜第　条 2　休憩時間（　　）分 3　所定時間外労働の有無（　有　，　無　）

（次頁に続く）

休　　　日	・定例日；毎週　　曜日、国民の祝日、その他（　　　　　　　） ・非定例日；週・月当たり　　日、その他（　　　　　　　） ・１年単位の変形労働時間制の場合ー年間　　　日 ○詳細は、就業規則第　条〜第　条、第　条〜第　条
休　　　暇	1　年次有給休暇　6か月継続勤務した場合→　　　　　日 　　　　継続勤務6か月以内の年次有給休暇　（有・無） 　　　　→　か月経過で　　日 　　　　時間単位年休（有・無） 2　代替休暇（有・無） 3　その他の休暇　有給（　　　　　　　　　） 　　　　　　　　　　無給（　　　　　　　　　） ○詳細は、就業規則第　条〜第　条、第　条〜第　条
賃　　　金	1　基本賃金　イ　月給（　　　（次頁は除く）ロ　日給（　　　　円） 　　　　ハ　時間給（　　　円）、 　　　　ニ　出来高給（基本単価　　円、保障給　　円） 　　　　ホ　その他（　　　円） 　　　　ヘ　就業規則に規定されている賃金等級等 　 2　諸手当の額又は計算方法 　　イ（　　手当　　円　／計算方法：　　　　　） 　　ロ（　　手当　　円　／計算方法：　　　　　） 　　ハ（　　手当　　円　／計算方法：　　　　　） 　　ニ（　　手当　　円　／計算方法：　　　　　） 3　所定時間外、休日又は深夜労働に対して支払われる割増賃金率 　　イ　所定時間外、法定超　月60時間以内（　　）％ 　　　　　　　　　　　　　月60時間超（　　）％ 　　　　　　　　　所定超（　　）％ 　　ロ　休日　法定休日（　　）％、法定外休日（　　）％ 　　ハ　深夜（　　）％ 4　賃金締切日（　　）ー毎月　日、（　　）ー毎月　日 5　賃金支払日（　　）ー毎月　日、（　　）ー毎月　日 6　賃金の支払方法（　　　　　　　　　　　　　　） 7　労使協定に基づく賃金支払時の控除（無　，有（　　　）） 8　昇給（　有（時期、金額等　　　　　　），　無　） 9　賞与（　有（時期、金額等　　　　　　），　無　） 10　退職金（　有（時期、金額等　　　　　），　無　）
退職に関する事項	1　定年制　（　有（　　歳），　無　） 2　継続雇用制度（　有（　　歳まで），　無　） 3　創業支援等措置（　有（　　歳まで業務委託・社会貢献事業），　無　） 4　自己都合退職の手続（退職する　　日以上前に届け出ること） 5　解雇の事由及び手続　[　　　　　　　　　　　　　　　　　] ○詳細は、就業規則第　条〜第　条、第　条〜第　条
その他	・社会保険の加入状況（　厚生年金　健康保険　その他（　　　　）） ・雇用保険の適用（　有　，　無　） ・中小企業退職金共済制度 　（加入している　，　加入していない）　（※中小企業の場合） ・企業年金制度（　有（制度名　　　　　　），　無　） ・雇用管理の改善等に関する事項に係る相談窓口 　部署名　　　　　担当者職氏名　　　　　　（連絡先　　　　　） ・その他（　　　　　　　　　　　　　　　　　　　　　　　　） 　※以下は、「契約期間」について「期間の定めあり」とした場合についての説明です。 　労働契約法第18条の規定により、有期労働契約（平成25年4月1日以降に開始するもの）の契約期間が通算5年を超える場合には、労働契約の期間の末日までに労働者から申込みをすることにより、当該労働契約の期間の末日の翌日から期間の定めのない労働契約に転換されます。ただし、有期雇用特別措置法による特例の対象となる場合は、無期転換申込権の発生については、特例的に本通知書の「契約期間」の「有期雇用特別措置法による特例の対象者の場合」欄に明示したとおりとなります。

以上のほかは、当社就業規則による。就業規則を確認できる場所や方法（　　　　　　　）
※　本通知書の交付は、労働基準法第15条に基づく労働条件の明示及び短時間労働者及び有期雇用労働者の雇用管理の改善等に関する法律（パートタイム・有期雇用労働法）第6条に基づく文書の交付を兼ねるものであること。
※　労働条件通知書については、労使間の紛争の未然防止のため、保存しておくことをお勧めします。

雇用契約書（有期・在宅勤務）

　○○（以下、「従業員」という。）と○○株式会社（以下、「会社」という。）は、本日、会社による従業員の雇用に関し、以下のとおり契約した。

第1条（契約期間）
　本契約の期間は、令和○年○月○日から令和○年○月○日までの期間とする。

第2条（従業員の勤務場所）
　従業員は、下記住所の従業員の自宅において在宅勤務を行う。ただし、会社は、業務上の必要性に応じ、従業員に対し、他の場所での勤務を命じる場合がある。
（自宅住所）横浜市○○区○○町○－○－○

第3条（従業員の職務）
　従業員は、営業全般を担当する。ただし、会社は、業務上の必要に応じ、従業員の担当業務あるいは職種を変更することができる。

第4条（労働時間等）
　従業員の労働時間は、午前9時から午後17時までとする。

第5条（休憩時間）
　従業員の休憩時間は、午後0時から午後1時までとする。

第6条（時間外労働）
　会社は、社員に対し業務の都合により、法定労働時間（労働基準法32条）の範囲内において、所定労働時間を超え、または、所定の休日に労働させることがある。

第7条（休日）
1　従業員の休日は、次のとおりとする。
　①水曜日、土曜日、日曜日
　②国民の祝日に関する法律に定める国民の祝日・休日
　③年末年始（12月30日〜1月3日）
2　業務の都合により会社が必要と認める場合は、あらかじめ前項の休日を他の日と振り替えることがある。

第8条（賃金）
1　会社は従業員に対し、賃金として毎月○円を支払う。
2　賃金は毎月○日締めにて、○日に従業員の指定する銀行口座に振り込む方法で支払う。

第9条（遵守事項）
1　従業員は会社の指示や規則を遵守し、職場の秩序を維持し、業務効率の向上に努め、

誠実にその職務を遂行しなければならない。

2　従業員は、会社の秘密事項を他に遺漏してはならず、本契約に基づく職務を遂行する目的以外に使用してはならない。

3　従業員は、事前の了解を得ずに、第3条記載の場所以外の場所で仕事をしてはならない。

4　従業員は情報通信機器の安全性を確保しなければならない

5　従業員は、就業場所について適切なレベルのプライバシーを確保し、情報通信機器の画面やプリントアウト等を家族や訪問者が容易に見ることができないようにしなければならない。

6　従業員は、会社の電子メール及びインターネット（以下、総じて「インターネット等」という。）の利用に関し、次の事項を遵守して、パソコン、スマートフォン、携帯電話その他の情報通信機器（以下、総じて「端末」という。）を使用し、適切な情報ネットワーク環境の維持並びに社内情報の毀損及び漏えいの防止に努めなければならない。

(1)　会社が従業員に貸与した端末を業務以外の目的で使用しないこと。

(2)　私物の端末を会社の許可なく業務目的で使用しないこと。

(3)　会社が指定したウィルス対策ソフトを適正に運用、使用すること。

(4)　会社の内外を問わず、業務に使用する端末において、ファイル交換ソフトその他の情報管理上問題が発生する可能性があるソフトウェア等又は業務に関係のないソフトウェア等をインストールしないこと。

(5)　会社の許可なく、私物のＵＳＢメモリ、ハードディスク等の記録媒体又は私物の端末を、業務に利用する端末に接続しないこと。

(6)　前項の許可を得て接続する場合は、アクセス権限のない者が操作できないようにパスワード設定をすること。

第10条（雇用の終了に伴う措置）

1　従業員は退職や解雇など雇用の終了に際し、会社の指示に従って、円滑に業務を引き継ぐものとする。

2　従業員は雇用の終了に際し、会社から貸与された物品、会社に属する書類や資料、その他会社に返還すべきものについて遅滞なく会社に返還する。

情報を守る
～秘密保持契約書～

秘密保持契約書を交わす場面

自動車メーカー

> 新型の〇〇車のエンジン部品のうち〇〇を作ってくれる下請メーカーを探しています。御社にも見積りをお願いしますが、当社からの要求仕様は対外厳秘でお願いします。

部品メーカー

承知しました。
では、まず、秘密保持契約書の案文を送ってください。

　企業活動をしていると、外部、特にライバル企業等に漏れたら困る秘密はたくさんあります。しかし、事業のパートナーには、この秘密を開示する必要があります。ここでいう事業のパートナーとは**共同事業者**に限らず、**外部委託先**や**下請業者**を含みます。

　事業のパートナーと実際に契約をする場合は、秘密保持に関する条項を、**業務提携契約書**、**業務委託契約書**、**商品売買基本契約書**等に盛り込みます。

　しかし、これらの契約を締結する前の段階、すなわち交渉・見積り段階においても、秘密を開示しないと契約条件の交渉や見積りができません。そこで、交渉・見積り段階では、まず**秘密保持契約書**を締結し、相手方に守秘義務を課したうえで秘密を開示し、それを踏まえて価格や納期などの交渉を行います。

なお、秘密保持契約のことを<ruby>NDA<rt>エヌディーエイ</rt></ruby>と呼ぶことが多いですが、NDAとはnon-disclosure agreement（ノン・ディスクロージャー・アグリーメント）の略です。

「秘密」「機密」の定義　237ページ1条

新型の〇〇車のエンジン部品の〇〇について、「肉厚を〇〇以下、強度を〇〇以上」とする仕様を外部に漏らしましたね。守秘義務違反ですよ！

御社からいただいた仕様表には「肉厚を〇〇以下、強度を〇〇以上」と書いてありますが、この仕様表には秘密である旨の記載がないので、当社は守秘義務には反していません。

　秘密保持契約書では**必ず「秘密」を定義します**（「機密」ということもありますが、違いにこだわる必要はありません。92ページcolumn参照）。

　「秘密（機密）」の定義は、大きく**「開示された情報すべてを秘密（機密）とする」**方法と、**「秘密（機密）と明示された情報のみ秘密とする」**方法との2通りがあります（次ページ参照）。

　「秘密として保持すべき旨の指定が明白に記された書面」とは、**「秘密」「㊙」「confidential」等の記載のある書面**を指します。

　開示する情報が、すべて極秘情報である場合、または、すべて秘密度合が一定の場合は、**「開示された情報すべてを秘密とする」**とするのがよいですが、開示情報の中に、秘密度合に濃淡がある場合は、**「秘密と明示された情報のみ秘密とする」**としたほうが、情報の受領者側でメリハリを付けた管理ができ、重要情報の漏えい防止に繋がります。

第1条（定義）

1　本契約において秘密情報とは、本検討のために、書面、口頭、電磁的記録媒体その他の媒体で相手方から開示を受けた情報及び資料（それらの複製物を含む）、並びにこれらの情報及び資料を基に作成したすべての情報及び資料をいう。

■「秘密と明示された情報のみ秘密とする」場合

第1条（定義）

1　本契約において秘密情報とは、本検討のために相手方から開示された情報であって、秘密情報である旨又は当該情報を秘密として保持すべき旨の指定が明白に記された書面又はその他の有形様式（電子データを含む。）の情報をいう。又、口頭又はプレゼンテーション等の無形様式により開示された情報については、開示の際に秘密である旨告知し、かつ当該開示から10日以内に秘密情報である旨及びその要旨が書面又は電子データで通告された情報をいう。

守秘義務　237ページ2条

当社の〇〇の仕様が、御社から当社のライバルであるA社に漏れているようです。

誠に申し訳ございません。当社のA社担当の技術者が、御社の仕様書を盗み見てA社に漏らしたようです。

別途、損害賠償を請求するので、覚悟しておいてください。

　秘密保持契約により守秘義務を負うので、秘密が漏えいした場合は秘密保持契約の契約者である会社が**損害賠償責任を負います。**

　多くの場合、秘密保持契約の主体は会社ですが、実際に秘密情報が記載された書面等を、見たり、管理するのは人間です。会社組織の中で、誰でもこの秘密情報にアクセスできると、秘密情報を扱う

案件に無関係の従業員が秘密を漏えいするリスクがあります。

そこで、秘密保持契約書では、**秘密情報の開示を受ける人を「当該秘密情報を知るべき必要性を有するその役員及び従業員、弁護士等」に限定**します。

なお、**法令上の要請により開示が義務づけられた場合は、開示者の承諾なく開示をしても守秘義務違反とならないように定めておく**ことが一般的です。もっとも、実際に開示をする場合、真に「法令上の要請」によるものかを吟味する必要があります。

複製・返還　238ページ3条、4条

自動車メーカー

残念ながら、今回はＡ社に発注することになりました。つきましては〇〇の仕様書をすべて消去のうえ、情報管理責任者であるＢさんから消去した旨の報告書を提出してください。

部品メーカー

承知いたしました。
メールとサーバーの両方ともちゃんと消去しておきます。

複製

情報が漏えいしたり、悪用されることを防ぐには、複製（コピー）を禁じることが有用です。しかし、電子ファイルをパソコンやサーバーに保管するような複製を禁じると業務が回りません。

そこで、**「但し、利用目的のために必要最小限の範囲で複写又は複製を行う場合は除く。」**などのルールを設け、業務の効率とリスクの低減のバランスを図る必要があります。もっとも、**極秘情報の場合、この規定を設けるべきではありません。**情報の秘密レベルに

応じて条項を定めます。

返還・消去

電子情報の場合は返却ではなく「消去」になりますが、物理的な行為が存在しないので、忘れられがちです。情報開示者は、**情報受領者に対して消去を促し、消去した旨の報告を求める**べきです。

期間　238ページ6条

当社の〇〇の仕様をライバルであるＡ社に漏らしましたね。なんてことをしてくれるんですか！

確かに先月、Ａ社に伝えましたが、契約書の守秘義務期間は３年です。そもそも〇〇に関する技術も陳腐化していますよ。

秘密保持契約には**期間を設けることが多い**です。その場合、①契約の有効期間（238ページの第6条1項）と、②有効期間内に開示を受けた情報の守秘義務を負う期間（238ページの第6条2項）は「別個の期間」であることに注意をしてください。**①有効期間は協業（準備）期間を想定して期間を決め、②守秘義務を負う期間は情報の重要性により期間を決めます。**

印紙

不要です。

秘密保持契約書

　○○株式会社（以下、「甲」という。）と○○株式会社（以下、「乙」という。）は、甲の○○の開発にかかる検討（以下、「本検討」という。）を行うに際し、相互に開示する秘密情報の取り扱いについて、以下のとおりに秘密保持契約（以下、「本契約」という。）を締結する。

第1条（定義）
1　本契約において秘密情報とは、本検討のために、書面、口頭、電磁的記録媒体その他の媒体で相手方から開示を受けた情報及び資料（それらの複製物を含む。）のうち秘密であることを書面で明示をして開示されたものをいう。なお、口頭で開示された情報については、その開示の時に秘密である旨を口頭で伝えられた場合、かつ開示後10営業日以内に当該情報を記載し秘密である旨を表示した書面が交付された場合に限り、開示の時から秘密情報に含まれるものとする。

2　前項の規定にかかわらず、以下の各号のいずれかに該当する情報は秘密情報から除外する。
　(1)　相手方から開示された時点で、既に公知となっているもの
　(2)　相手方から開示された後に、秘密情報の開示を受けた者（以下、「受領者」という。）の責に帰すべき事由によらず公知となったもの
　(3)　相手方から開示された時点で、既に情報の受領者が適法に保有していたもの
　(4)　正当な権限を有する第三者から秘密保持義務を負うことなく開示を受けたもの

第2条（守秘義務）
1　受領者は、秘密情報を開示した者（以下、「開示者」という。）から開示された秘密情報を善良なる管理者の注意をもって機密に取り扱わなければならない。

2　受領者は、開示者から開示された秘密情報を本検討以外の目的に使用してはならない。

3　受領者は、開示者から開示された秘密情報を開示者の事前の書面による承諾なく、第三者に開示してはならない。但し、受領者は、開示者から開示された秘密情報を、当該秘密情報を知るべき必要性を有するその役員及び従業員、弁護士等に開示し又は使用させることができる。なお、受領者は、当該開示又は使用に先立ち、契約、指示その他の方法により、当該役員及び従業員、弁護士等に対して本契約に基づき自己が負う義務と同等の義務を課すものとし、当該役員及び従業員、弁護士等が当該義務に違反した場合には、自己が本契約に違反したものとみなされるものとする。

4　前項の規定に拘らず、受領者は、開示者から開示された秘密情報について法令上の要請により開示が義務づけられた場合は、開示者の承諾なく、かかる義務に基づいて当該秘密情報を開示すべき者（以下、「開示先」という。）に対し、かかる義務の範囲内で当該秘密情報を開示できるものとする。この場合、受領者は、可能な限り速やかに、その旨を開示者に通知するものとする。

第3条（情報の複製）

1　受領者は、開示者から開示された秘密情報を複写、複製してはならない。但し、利用目的のために必要最小限の範囲で複写又は複製を行う場合は除く。

2　前項の定めによる複写、複製物の取扱いについては、秘密情報と同様の方法をもって行うものとする。

第4条（情報の返還）

　受領者は、次の各号のいずれかに該当するときは、開示者の指示に従い、秘密情報及びその全ての複写、複製物を直ちに開示者に返却するか、又は破砕若しくは消去しなければならない。

(1)　開示者から書面により秘密情報の返却要求があるとき

(2)　本検討のために秘密情報を使用する必要がなくなったとき

(3)　本契約が終了したとき

第5条（損害賠償）

　受領者が故意又は過失により本契約に規定される義務に違反し（甲又は乙から秘密情報の開示を受けた者が違反した場合を含む）、これに起因して開示者に損害を発生させた場合、受領者は相手方に対し、弁護士費用を含むすべての損害を賠償する責任を負う。

第6条（有効期間）

1　本契約の有効期間は本契約締結日より１年間とする。

2　前項に拘らず、本契約で規定する秘密情報の受領者としての義務は、本契約の終了日から３年間有効に存続する。

第7条（権利義務の譲渡の禁止）

　103ページの〈例文〉のとおり。

第8条（契約の変更）

　106ページの〈例文〉のとおり。

第9条（合意管轄及び準拠法）

　111ページの〈例文〉のとおり。

第10条（協議）

　112ページの〈例文〉のとおり。

アプリケーションの有料提供を拡大する
〜ソフトウェア利用規約〜

定型約款

サービス提供者

来月から利用規約を変更し、ログインを二段階認証にします。

サービス利用者

それは結構ですが、利用規約は一方的に変更できるのですか？

サービス提供者

はい、本利用規約は民法上の定型約款に該当しますので、あらかじめインターネット等で周知をすれば、合理的な範囲内であれば、個別の合意なく変更できます。

定型約款

　クラウドやソフトウェアの利用においては、提供者と利用者とで契約書を交わすのではなく、**利用約款（利用規約）**により契約関係を決めることが多くあります。

　契約は当事者の合意により成立します。利用者が、提供者が提供する約款を受け入れる合意をした場合、その約款の内容が契約に取り込まれることは異論がありませんが、**「利用者が約款の存在や内容を認識していない場合でも契約に取り込まれるのか？」**については、従前から議論がありました。

また、契約当初、利用者が、提供者が提供する約款を受け入れる合意をしたとしても、**「約款を変更する必要が生じた場合、その変更が有効となるのはどのような場合なのか？」**も議論がありました。

この点について、令和 2（2020）年 4 月に民法548条の 2 〜548条の 4 の 3 か条を新設し、定型約款について規定が設けられたことにより解決が図られました。

> **定型約款とは**
> **（民法５４８条の２より）**
>
> ①定型取引において
> ②契約の内容とすることを目的として
> ③その特定の者により準備された
> ④条項の総体

①定型取引とは、ある特定の者が**不特定多数の者**を相手方として行う取引であって、**その内容の全部または一部が画一的であることがその双方にとって合理的なもの**をいいます。

そうすると、クラウドの利用約款やソフトウェアの使用約款は、**定型約款に該当するか否かはケースバイケース**ということになります。AWS（Amazon Web Services）やマイクロソフト「Office」の約款は定型約款にあたるでしょうが、限られた利用者を想定したソフトウェアの使用許諾約款は定型約款には該当しません。

みなし合意

定型約款に該当する場合は、次ののいずれかがあれば、その約款の個別の条項についても合意をしたものとみなされます。これを「みなし合意」といいます。

①定型約款を契約の内容とする合意
②定型約款を準備した者があらかじめその定型約款を契約の内容とする旨を相手方に表示する

約款の変更

定型約款は、次のような場合、個別の合意がなくても変更するこ

とができます。

①定型約款の変更が、相手方の一般の利益に適合するとき

②定型約款の変更が、契約をした目的に反せず、かつ、変更の必要性、変更後の内容の相当性、この条の規定により定型約款の変更をすることがある旨の定めの有無及びその内容その他の変更に係る事情に照らして合理的なものであるとき

ただし、定型約款の提供者は、定型約款の変更をするとき、定型約款を**変更する旨**および変更後の定型約款の内容並びに**その効力発生時期をインターネットの利用その他の適切な方法により周知**しなければなりません。

この変更に関する規定は、提供者側が一方的に利用者に不利となる約款変更ができないようにした点が重要です。

したがって、利用規約が定型約款にあたるとした場合、物価上昇局面において、物価上昇幅と見合った程度の利用規約変更による値上げは許容されても、1.5倍になるような**極端な値上げは許されません。**

使用許諾　248ページ2条

サービス提供者

当社の〇〇システムをユーザーが勝手に変更してはいけません。

サービス利用者

どうしてですか？

サービス提供者

お客様との使用許諾契約により、お客様ができるのは、本件ソフトウェアをインストールして実行するだけだからです。

「ソフトウェア**使用許諾**契約」「ソフトウェア**利用許諾**契約」「ソ

フトウェア**ライセンス**契約」などと呼ばれる契約があります。

　まず、「使用許諾」「利用許諾」「ライセンス」の違いが気になる方もおられると思いますので説明いたします。

　「使用」と「利用」の違いは、法律で明確に定義されているわけではありません。著作権法の本を調べても、「使用」と「利用」の違いについて書かれていない本が多いようです。

　もっとも、実務的にソフトウェアに関しては、単にプログラムを「実行」するのが「使用」であり、「複製権」や「翻案権」など、著作権法18条から28条に定める権利に基づく行為を行うことが「利用」するのが通例です。

　したがって、単に**プログラムの実行のみを許可するのであれば「使用」**ですし、プログラムの**修正も認めるのであれば「利用」**です。

　すなわち、「ソフトウェア使用許諾契約」とは、単にソフトウェアを利用者のハードウェアにコピーして、その実行を許可することを目的とする契約です。

解約　249ページ6条

サービス利用者

解約したいんだけど。

サービス提供者

承知しました。ただし、利用料金は日割りしません。
今月1ヶ月分まで支払ってください。

ライセンシーからの解約

　ソフトウェア使用許諾契約は、民法上は無名契約なので、**利用者（ライセンシー）から、いつ解約できるのかを規約で明確にしておく必**

要があります。規約による定め方としては、①いつでも解約できるとする定め方、または②1年自動更新とし期間満了時のみ解約できるとする定め方、がオーソドックスです。

ライセンサーからの解約

利用者（ライセンシー）としては、ライセンサーから突然解約告知されると困りますので、**ライセンサーからの解約は、ライセンシーに規約違反がある場合に限ります。**

サービスの終了

ゲームなど、趣味的なソフトウェアであれば、急にそのソフトウェアが利用できなくなっても、問題は少ないかもしれませんが、業務に使用するソフトウェアが急に利用できなくなると困るので、ライセンシーとしては、そのようなリスクはなくしておきたいところです。

一方、ライセンサーとしては、利用者が少ない場合、ビジネスにならないので、サービスを廃止したいと考えて当然です。

そこで、**一定の場合には、ライセンサー側の一方的な通知により、サービス廃止をできるような規定を設ける**ことがあります。

終了時の利用料金

一般に、ソフトウェア使用許諾契約による利用料は月払いです。契約終了時は該当月の利用料を**日割りで精算するのか**、ひと月のうちの1日でも契約期間であれば、**1ヶ月分の利用料が発生するのか**を明確にしておく必要があります。

禁止事項　250ページ8条

当社の〇〇を解析して類似品を販売していますね。
損害賠償を請求します。

リバースエンジニアリングは適法です。当社は貴社のソフトは解析をしましたが、著作権法上、問題はありません。

著作権法上どうであろうと、利用規約でリバースエンジニアリングは禁止しています。

複製・改変等の禁止

　ライセンサーとしては、ソフトウェアのライセンス料を徴収して利益をあげようとしているのですから、ソフトウェアを無断で複製されたら困ります。そもそも、ソフトウェアの複製は、著作権者の許可がないと許されませんが、注意的に**使用許諾約款でも複製の禁止を謳（うた）います。**

　また、改変も著作権法上著作権者の許可がないと許されませんが、注意的に**使用許諾約款でも改変の禁止を謳います。**

リバースエンジニアリングの禁止

　リバースエンジニアリングとは、製品を解析することにより、そこに具現されている製造方法、技術、ノウハウ等の評価を行い、**自らの技術水準の向上に役立たせるような行為**をいいます。特許については、特許法69条1項で認められています。

　しかし、著作権法には、特許法69条1項のような規定がありません。そこで、ソフトウェアのリバースエンジニアリングが適法な

のか、問題となります。ソフトウェアのリバースエンジニアリング
は、オブジェクトコード（機械語）を逆コンパイル（理解しやすいプログ
ラミング言語へ変換）し、処理しやすいソースコードに変換して行いま
す。

　リバースエンジニアリングについては適法とする見解が有力です
が、ライセンサーとしては、模倣品を作られると困るので、これを
**規約で禁止することにより、リバースエンジニアリングをできない
ように縛ります。**

非保証　252ページ14条

PCのOSを〇〇に変更したら動きません。

本ソフトウェアは、OSは□□を前提にしており、他のOS
で動作することは保証していません。

　ソフトウェアの使用許諾契約を締結した以上、ソフトウェアは使
用できることが前提であり、**使用できない場合は、ライセンサーが
債務不履行責任を負うのが原則**です。しかし、ソフトウェアは環境
が少しでも違えば、動作しなくなることがあります。

　そこで、**利用規約に本件ソフトウェアが正しく動作する環境（ハー
ドウェア、OS等）を規定**し、それ以外の環境で動作しなくても、ラ
イセンサーは債務不履行責任を負わないものとします。

責任制限　252ページ16条

税理士事務所

御社の提供する会計ソフトが1週間ダウンしていたせいで、100万円の売上を失った。損害を賠償しろ！

会計ソフト
提供者

利用規約〇条により、当社が賠償責任を負うのは利用料と同額までです。月額利用料1万円を限度に賠償します。

　障害等により、ソフトウェアが利用できない事態が生じる可能性は皆無にはできません。

　法的には、①ライセンサーの責めによるものか、②自然災害や戦争等ライセンサーの責めに負うべき事由がないにもかかわらずソフトウェアが利用できない場合かで分けて考えるべきです。

　②は、ライセンサーはライセンシー（利用者）に対して一切責任を負わない旨を利用規約で明確にしていることが多いですし、それが公平と考えられます。

　一方、①のライセンサーの責めに負うべき事由（**バグ**や**運用ミス**）により利用できなくなった場合、契約の手当てがなければ民法の規定に従い、相当因果関係のあるライセンシーの損害をライセンサーが賠償する義務が生じてしまいます。

　しかしそれでは、金額的に莫大になりますし、損害額の算定もライセンシーごとに必要であり多大な労力を要するので現実的ではありません。

　そこで、ライセンサーの責めに負うべき事由により利用できない事態となった場合の**ライセンサーの追う責任の範囲について、利用規約で手当てをする**のが通例です。

本規約の変更・改正　253ページ18条

来月から利用規約を変更し、月額利用料を1万円から1万5,000円に変更させていただきます。

サービス提供者

それは困ります。そもそも月1万円の契約なのに一方的に1万5,000円になるのは不当です。合理性がありません。

サービス利用者

　ライセンサーの判断で、いつでも利用規約を変更できる旨の規定を設けている利用規約は多くあります。

　しかし、利用規約は契約ですから、本来は合意がないと変更できないのが原則です。利用規約に、「ライセンサーは、いつでも利用規約を変更できる」旨を定めても、それにより**変更可能なのは、軽微な変更やライセンシーに不利益が生じない変更に限られます。**

　もっとも、変更に個別の合意が必要であるとすると、不特定多数を対象とする定型約款にはそぐわない面もあるので、民法548条の4・1項は、以下の場合は定型約款の変更をすることにより、変更の合意があったものとみなし、個別に相手方と合意をすることなく契約の内容を変更することができるとしています。

①定型約款の変更が、**相手方の一般の利益に適合**するとき

②定型約款の変更が、契約をした目的に反せず、かつ、変更の必要性、変更後の内容の相当性、この条の規定により**定型約款の変更をすることがある旨の定めの有無**及びその内容その他の変更に係る**事情に照らして合理的なもの**であるとき

　運用上の問題は、どのような場合が「事情に照らして合理的なもの」といえるかですが、**定型約款中にあらかじめ変更条項を設けておくことは必須条件ではないが、変更の可否に関する考慮要素のひ**

とつであると解されています。

　すなわち、利用規約に、「ライセンサーは、いつでも利用規約を変更できる」旨を定めたからといって、どんな変更でも許されるわけではありませんが、「事情に照らして合理的なもの」と判断される範囲が広がります。

ソフトウェア利用規約

　この規約（以下「本規約」といいます。）は、株式会社○○（以下「当社」といいます。）が運営するアプリ「××」（以下「本サービス」といいます。）の利用の諸条件を定めるものです。本サービスをご利用になる方は、必ず本規約の全文を読み、本規約に同意した上で利用するものとします。

第1条（本規約への同意及び適用）
　　本規約は、本サービスの利用に関する当社と契約者及びユーザー（それぞれ第2条に定義します。）との間の権利義務関係を定めることを目的とし、契約者、ユーザー及び当社の間の本サービスの利用に関わる一切の関係に適用されます。契約者及びユーザーは、本規約に同意した上でなければ本サービスを利用できないものとします。

第2条（本サービス）
　　本サービスは、××業務を効率化するオンラインアプリケーションです。本規約において、「契約者」とは、第3条第3項に従い、当社から本サービスの利用を認められた法人をいい、「ユーザー」とは、第7条第1項に従い、契約者により本サービスの利用を許可された者をいいます。

第3条（利用申込）
1　本サービスの利用を希望する者（以下「契約希望者」といいます。）は、本サービスにより提供されるサービスの内容および本規約を理解のうえ、本規約等に同意し、当社所定の情報（以下「登録情報」といいます。）を当社所定の方法により提供することにより、本サービスの利用を申し込むものとします。
2　当社は、契約希望者が、以下の各号のいずれかの事由に該当する場合は、利用申込を承認しないことがあります。
　（1）　登録情報に正確でない情報又は虚偽の情報が含まれている場合
　（2）　反社会的勢力であることが判明した場合
　（3）　過去に本規約違反等により、当社から利用停止等の処分を受けている場合
　（4）　その他、当社が登録を不適切であると合理的な理由に基づき判断した場合

3　第1項の申込みに対し、当社が利用を承認する場合にはその旨を契約希望者に通知します。当社が通知を行った時点で、本規約に従い、本サービスの利用にかかる契約（以下「利用契約」といいます。）が契約者と当社の間に成立するものとします。契約期間は第17条に定めるとおりとします。

4　契約者は、登録情報に変更があった場合は直ちに、正確な内容が登録されているように、登録情報を管理及び修正する責任を負うものとします。なお、当社から登録情報にかかる資料を要求した場合、契約者はこれに従うものとします。

第4条（料金及び支払方法）

契約者は、本サービス利用の対価として、本規約別紙記載の月額利用料金（以下、「利用料金」といいます。）を、前月末日までに、当社が定めるいずれかの方法にて支払うものとします。なお、振込手数料その他決済に必要な手数料等は契約者の負担とします。

第5条（本サービスの利用）

契約者は、契約期間中、本規約等の定めに従って本サービスを利用しなければなりません。なお、契約者は、ユーザーに対し、当社が定める権限の範囲内で本サービスを利用させることができますが、ユーザーは、本規約等の定めに従わなければなりません。ユーザーが本規約等の定めに従わなかった場合は、契約者がその責任を負うものとします。

第6条（解約）

1　契約者は、当社に通知をすることにより、いつでも本契約を解約することができます。ただし、本契約を解約した場合、解約回の属する月の月額利用料金全額を契約者は支払うものとします。

2　当社は、次号のいずれかに該当する場合には、当社の裁量によって、契約者に対する本サービスの提供をいつでも終了することができるものとします。

(1)　契約者または利用者が本規約の規定に違反した場合

(2)　契約者が第4条に定める利用料金を支払わなかった場合

(3)　その他前号に類する事由があると当社が判断した場合

3　当社は、前項に定める他、合理的な理由に基づき、本サービスを終了することができます。この場合には、当該サービス終了日の○ヶ月前までに、事前に契約者に通知するものとします。

第7条（アカウント情報の管理）

1　当社は、契約者に対し本サービスの利用に必要なアカウントを発行します。契約者は、当社が認める利用可能アカウント数（プランにより異なります。）の範囲内で、ユーザーを追加し、又は削除の依頼を当社にすることができます。

2　ユーザーは、自己の責任において、パスワード及びユーザーID等の情報（以下、「アカウント情報」といいます。）を管理及び保管するものとし、これを第三者に利用させたり、貸与、譲渡、売買その他の処分等をしてはならないものとします。また、契約者はユーザーをして、アカウント情報を適切に管理及び保管させる責任を負うものとします。

3 　契約者またはユーザーにおいて、アカウントを適切に管理及び保管していない場合
は、当社は当該アカウントを利用停止または削除いたします。

4 　アカウント情報の漏洩・不正アクセス、その他ユーザーによる本サービスの利用、
第三者による不正利用等に起因して損害が発生した場合であっても、かかる責任は契
約者が負うものとし、当社は一切の責任を負いません。

5 　契約者は、アカウント情報が第三者に漏洩した場合又はそのおそれがある場合、速
やかに当社まで連絡するものとします。またその際に当社から指示がある場合には、
これに従うものとします。

第8条 （禁止行為）

1 　契約者及びユーザーは、本サービスの利用にあたり、以下の各号に該当する行為を
行ってはならないものとします。

(1) 　法令又は本規約に違反する行為

(2) 　当社、本サービスの他の契約者、ユーザーその他の第三者の権利を侵害する行
為又はそのおそれのある行為

(3) 　公序良俗に反する行為、又はそのおそれがある行為

(4) 　第三者に対し、アカウント情報を貸与、譲渡又は漏洩する行為

(5) 　コンピューター・ウィルスその他の有害なコンピューター・プログラムを含む
情報を送信する行為

(6) 　本ソフトウェアに対する修正、改変、加工

(7) 　本ソフトウェアに対するリバースエンジニアリング、逆コンパイル、逆アセン
ブルその他の解析

(8) 　その他当社が不適切と判断する行為

2 　当社は、本サービスにおける契約者又はユーザーによる行為が前項各号のいずれか
に該当し、又は該当するおそれがあると当社が判断した場合には、契約者に事前に通
知することなく、登録の取消、本サービスの全部若しくは一部へのアクセスの拒否、
利用停止等、又は本サービス上のコンテンツやユーザーが入力した情報の全部若しく
は一部の削除の措置をとることができるものとします。当社は、本項に基づき当社が
行った措置に起因して契約者に損害が生じた場合であっても、一切の責任を負わない
ものとします。

第9条 （本サービスの変更）

　当社は本サービスの機能追加、改善を目的として、当社の裁量により本サービスの一
部の追加・変更を行うことがあります。ただし、当該追加・変更によって、変更前の本
サービスのすべての機能・性能が維持されることを保証するものではありません。

第10条 （本サービスの中断・終了）

1 　当社は、システム（サーバー、通信回線や電源、それらを収容する建築物などを含む。）の保守、
点検、修理、変更を行うために、本サービスの利用の全部又は一部を中断することが
できるものとします。その場合、当社は〇日前までに契約者にその旨を通知するもの
とします。

2　当社は、以下のいずれかに該当する場合には、契約者に事前に通知することなく、本サービスの利用の全部又は一部を中断することができるものとします。その場合、当社は、事後可能な限り速やかに契約者に通知するものとします。

(1)　サーバー、通信回線、その他の設備の故障、障害の発生又はその他の理由により本サービスの提供ができなくなった場合

(2)　緊急のシステム（サーバー、通信回線や電源、それらを収容する建築物などを含む）の保守、点検、修理、変更を行う場合

(3)　コンピューター、通信回線等が事故により停止した場合

(4)　火災、停電、天災地変などの不可抗力により本サービスの運営ができなくなった場合

(5)　戦争、変乱、暴動、騒乱、労働争議等その他不可抗力により本サービスの提供ができなくなった場合

(6)　法令又はこれに基づく措置により本サービスの提供ができなくなった場合

(7)　その他運用上又は技術上、当社が必要と判断した場合

3　当社は、本条に基づき当社が行った措置に基づき契約者に生じた損害について、一切の責任を負いません。

第11条（接続環境等）

1　本サービスを利用するために必要なコンピューターその他の機器、ソフトウェア、通信回線その他の通信環境等は、契約者の費用と責任において準備し維持するものとします。当社は、本サービスがあらゆる機器等に適合することを保証しません。

2　契約者は自己の本サービスの利用環境に応じて、コンピューター・ウィルスの感染の防止、不正アクセス及び情報漏洩の防止等のセキュリティ対策を自らの費用と責任において講じるものとします。

第12条（権利帰属）

本サービスに関する権利は、すべて当社又は当該権利を有する第三者に帰属します。ユーザーは、本サービスを通じて提供される文章、画像、映像、音声、プログラム等のコンテンツに関して、一切の権利を取得することはないものとし、権利者の許可なく、著作権を含む一切の知的財産権、肖像権、パブリシティー権等、コンテンツ素材に関する権利を侵害する一切の行為をしてはならないものとします。本規約に基づく本サービスの使用の許諾は、本サービスに関する当社又は当該権利を有する第三者の権利の利用許諾を意味するものではありません。

第13条（不可効力）

1　当社は、通常講ずるべき対策では防止できないウィルス被害、停電被害、サーバー故障、回線障害、および天災地変による被害、その他当社の責によらない不可抗力に基づく事由（以下「不可抗力」といいます。）による被害が契約者またはユーザーに生じた場合、一切責任を負わないものとします。

2　当社は、不可抗力に起因して本サービスにおいて管理または提供されるデータが消去・変更されないことを保証しません。

第14条（非保証）

1　当社は契約者に対し、本サービスの特定目的適合性、品質が十分であることを保証せず、本サービスを常にお客様が利用可能であること、本ソフトウェアのエラー又は欠陥が修正されることについて保証しません。

2　当社は契約者に対し、本ソフトウェアの利用又はバージョンアップ後の改訂・改良プログラムの利用が第三者の知的財産権その他の権利を侵害しないこと、及び本ソフトウェア又はバージョンアップ後の改訂・改良プログラムがコンピュータウィルス若しくはマルウェア等の脅威又は不正アクセスに対し完全な防御機能を有することを保証しません。

第15条（登録取消・利用停止等）

1　当社は、契約者又はユーザーが以下の各号のいずれかの事由に該当する場合は、事前に通知又は催告することなく、本サービスの利用を一時的に停止し、又は利用登録を取り消すことができるものとします。

（1）　本規約等のいずれかの条項に違反し、相当の期間を定めて催告されたにもかかわらず、当該違反を是正しなかった場合

（2）　登録情報に虚偽の事実があることが判明した場合

（3）　支払停止若しくは支払不能となり、又は破産手続開始、民事再生手続開始、会社更生手続開始、特別清算開始若しくはこれらに類する手続の開始の申立てがあった場合

（4）　第3条第2項各号に該当する場合

（5）　その他、当社が契約者又はユーザーとして利用の継続を適当でないと判断した場合

2　前項各号のいずれかの事由に該当した場合、契約者は、当社に対して負っている債務の一切について当然に期限の利益を失い、直ちに当社に対して全ての債務を支払うものとします。

3　当社は、本条に基づき当社が行った措置により契約者に生じた損害について一切の責任を負いません。

第16条（責任制限）

　当社は、契約者による本ソフトウェアの利用又はバージョンアップ後の改訂・改良プログラムの利用によって、契約者に生じた直接的かつ現実に生じた損害（かかる損害が、本ソフトウェア自体を原因として生じたものであることを、契約者が証明することを要します。）に限り、本ライセンスのライセンス料1年間分に相当する額を上限として賠償します。

第17条（契約期間）

　利用契約の有効期間は、契約者の利用登録が完了した日から1年間とします。契約期間満了の1ヶ月前までに、当社又は契約者のいずれからも更新しない旨の通知がない場合は、その後も同一条件で1年間更新されるものとし、以降も同様とします。

第18条（本規約等の変更）

1　当社は、任意の理由により、本規約等の全部又は一部を合理的な範囲で変更できる
　ものとします。

2　当社は、当社が運営するウェブサイト内の適宜の場所への掲示をすることにより、
　本規約等を変更できるものとします。

第19条（通知）

　本サービスに関する問い合わせその他契約者又はユーザーから当社に対する連絡又は
通知、及び本規約等の変更に関する通知その他当社から契約者又はユーザーに対する連
絡又は通知は、電子メール、電話、郵便等当社の定める方法で行うものとします。

第20条（準拠法及び管轄裁判所）

　本規約の準拠法は日本法とし、本規約及び本サービスに起因して当社と契約者又は
ユーザーの間で生じた紛争については、東京地方裁判所を第一審の専属的合意管轄裁判
所とします。

おわりに

「やっぱり契約書を読んだり、締結するのは自信がない」

そう感じた読者の方もおられるかもしれません。ですが、最後に一言、お伝えしたいです。

「100点満点の契約書を作らなくても大丈夫です！」

契約書に規定のない事項は、民法等の法律が適用され、公平な解決になると思って、もっと肩の力を抜いてください。

実際のところ、法律家以外の方が民法等を100％理解することは困難ですから、**「合意事項を契約書にする」**ことを強く意識してください。自分が理解しているとおりの結論となります。

「不完全な契約書では意味がない」と思い、契約書を作ることをためらったり断念するより、60点の契約書を作るほうがビジネスにはプラスです。

たとえ契約書のカバー範囲が60％だったとしても、無策の状態よりトラブル回避として大きな成果が期待できます。

そうした意味では、第5章・第6章の契約書例は大いに参考にしていただきたいものになります。

臆せずに、面倒がらずに、積極的に契約書を作りましょう。トラブルを未然に防ぐことが、会社の発展につながります。

2025年1月吉日

弁護士　池田　聡

池田　聡（いけだ　さとし）

弁護士（東京弁護士会所属）。システム監査技術者、中小企業診断士試験合格。日本興業銀行・みずほ銀行に通算約24年勤務。営業店9年、IT部門8年、業務企画部門7年。IT部門では、みずほ統合のシステムトラブルを現場で経験する。最後の3年間は支店長を務める。銀行勤務の傍ら法科大学院に通学し司法試験に合格。その3年後弁護士となる。都内中堅法律事務所を経て、2014年KOWA法律事務所を開設。埼玉県立浦和高等学校、早稲田大学法学部、成蹊大学法科大学院卒。著書に、『ITシステム開発「契約」の教科書』（翔泳社）、『中小企業の「銀行交渉と資金繰り」完全マニュアル』『元銀行支店長弁護士が教える 融資業務の法律知識』（以上、日本実業出版社）がある。月刊『銀行実務』（銀行研修社）に執筆多数。

トラブルを未然に防ぐ
「中小企業の契約書」読み方・作り方・結び方

2025年2月1日　初版発行

著　者　池田　聡　©S.Ikeda 2025
発行者　杉本淳一

発行所　株式会社日本実業出版社　東京都新宿区市谷本村町3-29 〒162-0845
　　　　編集部　☎03-3268-5651
　　　　営業部　☎03-3268-5161　振替　00170-1-25349
　　　　　　　　　　　　　　　　　https://www.njg.co.jp/

印刷／堀内印刷　　製本／若林製本

ISBN 978-4-534-06162-1　Printed in JAPAN

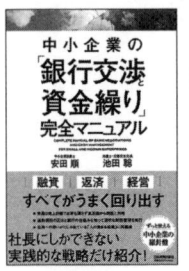
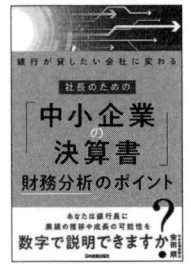
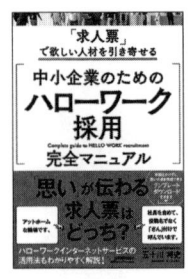